Fälle

Sachenrecht 2

Grundstücksrecht

2016

Oliver Strauch
Rechtsanwalt und Repetitor

ALPMANN UND SCHMIDT Juristische Lehrgänge Verlagsges. mbH & Co. KG
48143 Münster, Alter Fischmarkt 8, 48001 Postfach 1169, Telefon (0251) 98109-0
AS-Online: www.alpmann-schmidt.de

Strauch, Oliver
Fälle
Sachenrecht 2
Grundstücksrecht
4. Auflage 2016
ISBN: 978-3-86752-467-4

Verlag Alpmann und Schmidt Juristische Lehrgänge
Verlagsgesellschaft mbH & Co. KG, Münster

Unterstützen Sie uns bei der Weiterentwicklung unserer Produkte.
Wir freuen uns über Anregungen, Wünsche, Lob oder Kritik an:
feedback@alpmann-schmidt.de

Benutzerhinweise

Die Reihe „Fälle" ermöglicht sowohl den Einstieg als auch die Wiederholung des jeweiligen Rechtsgebiets anhand von Klausurfällen. Denn unser Gehirn kann konkrete Sachverhalte besser speichern als abstrakte Formeln.

Ferner erfordern Prüfungsaufgaben regelmäßig das Lösen konkreter Fälle. Hier muss dann der Kandidat beweisen, dass er das Erlernte auf den konkreten Fall anwenden kann und die spezifischen Probleme des Falles entdeckt. Außerdem muss er zeigen, dass er die richtige Mischung zwischen Gutachten- und Urteilsstil beherrscht und an den Problemstellen überzeugend argumentieren kann. Während des Studiums besteht die Gefahr, dass man zu abstrakt lernt, sich verzettelt und letztlich gänzlich den Überblick über das wirklich Wichtige verliert.

Nutzen Sie die jahrzehntelange Erfahrung unseres Repetitoriums. Seit 60 Jahren wenden wir konsequent die Fallmethode an. Denn ein **prüfungsorientiertes Lernen** muss „hart am Fall" ansetzen. Schließlich sollen Sie keine Aufsätze oder Dissertationen schreiben, sondern eine überzeugende Lösung des konkret gestellten Falles abgeben. Da wir nicht nur Skripten herausgeben, sondern auch in mündlichen Kursen Studierende ausbilden, wissen wir aus der täglichen Praxis, „wo der Schuh drückt".

Die Lösung der „Fälle" ist kompakt und vermeidet – so wie es in einer Klausurlösung auch sein soll – überflüssigen, dogmatischen „Ballast". Die Lösungen sind, wie es gute Klausurlösungen erfordern, komplett durchgegliedert und im Gutachtenstil ausformuliert, wobei die unproblematischen Stellen unter Beachtung des Urteilsstils kurz ausfallen.

Wir vermitteln hier die Klausuranwendung. Die Reihe „Fälle" **ersetzt nicht die Erarbeitung der gesamten Rechtsmaterie** und ihrer Struktur. Übergreifende Aufbauschemata für das gesamte Zivilrecht finden Sie in unserem „Aufbauschemata Zivilrecht". Ferner empfehlen wir Ihnen zur Erarbeitung der jeweiligen Rechtsmaterie unsere Reihe „Basiswissen". Mit dieser Reihe gelingt Ihnen der erfolgreiche Start ins jeweilige Rechtsgebiet: verständlich dargestellt und durch zahlreiche Beispiele, Übersichten und Aufbauschemata anschaulich vermittelt. Sofern die RÜ zitiert wird, handelt es sich um unsere Zeitschrift „Rechtsprechungsübersicht", in der monatlich aktuelle, examensverdächtige Fälle gutachterlich gelöst erscheinen.

Viel Erfolg und viel Spaß!

INHALTSVERZEICHNIS

1. Teil: Das Grundstück und seine Bestandteile

Fall 1: Grundstückseigentum nebst Zubehör

Winzer W verkaufte Ende 2015 in notariell beglaubigter Form sein Weingut an den Sommelier S. Als man sich zum Zwecke der Eigentumsübertragung erneut beim Notar traf, vereinbarten beide, dass die Eintragung alsbald erfolgen sollte. Als Termin für die Übergabe des Grundstücks wird jedoch erst der 01.04.2016 vorgesehen. Kurz nach der Eintragung besucht S in freudiger Erwartung im März 2016 das Weingut und sieht eher zufällig, wie W auf dem Weingut verwendete Traubenpressen abtransportiert. S ist schockiert. Schließlich ist er der Ansicht, dass die Traubenpressen „zum Grundstück" und damit ihm gehören.

Ist S Eigentümer des Grundstücks und der Traubenpressen geworden?

S könnte das Eigentum am Grundstück und an den Traubenpressen von W gemäß §§ 873 Abs. 1, 925 erworben haben.

I. Dazu müssten sich W und S gemäß § 873 Abs. 1 über den Eigentumsübergang am Grundstück **geeinigt** haben. Die Einigung (= **Auflassung**) muss gemäß § 925 bei gleichzeitiger Anwesenheit beider Teile vor einer zuständigen Stelle erklärt werden.

*Die dingliche Einigung über den Eigentumsübergang i.S.d. § 873 Abs. 1 bezeichnet man gemäß § 925 als **Auflassung**.*

W und S haben sich vor dem Notar, der gemäß § 925 Abs. 1 S. 2 zur Entgegennahme der Auflassung zuständig ist, über den Eigentumsübergang geeinigt. Mithin hat W das Grundstück an S aufgelassen.

II. Ferner müsste die Änderung der Eigentumsverhältnisse gemäß § 873 Abs. 1 in das Grundbuch **eingetragen** worden sein.

S ist als neuer Eigentümer in das Grundbuch eingetragen worden.

*Die **Eintragung** ist ein Staatsakt (Publizitätsprinzip). Sie richtet sich nach GBO, GBV und ergänzendem Landesrecht.*

III. Des Weiteren müssten sich W und S **im Zeitpunkt des Vollrechtserwerbes**, also gemäß § 873 Abs. 1 grundsätzlich im Zeitpunkt der Eintragung, noch über den Eigentumsübergang **einig sein**.

Im Zeitpunkt der Eintragung der Eigentümerstellung des S in das Grundbuch waren beide sich über den Eigentumsübergang von W auf S einig.

IV. Ferner müsste W zum Zeitpunkt der Eintragung zur Eigentumsübertragung **berechtigt** sein.

Zur Eigentumsübertragung ist nur der verfügungsbefugte Eigentümer oder der verfügungsbefugte Nichteigentümer, der vom wahren Rechtsinhaber zur Verfügung gemäß § 185 Abs. 1 ermächtigt oder aber gesetzlich verfügungsbefugt ist (*vgl. dazu Fall 9*), berechtigt.[1]

Merke: Es kommt für die Merkmale „Einig sein" und „Berechtigung" grundsätzlich auf den Zeitpunkt des Vollrechtserwerbes, also auf den Zeitpunkt der Eintragung an.
Ausnahmen hiervon sind §§ 873 Abs. 2, 878, 892 Abs. 2.

Als verfügungsbefugter Eigentümer war W zur Eigentumsübertragung am Grundstück berechtigt.

Folglich hat S das Eigentum am Grundstück von W gemäß §§ 873 Abs. 1, 925 erworben.

---

1 BGH NJW 2004, 365; Palandt/Bassenge § 873 Rn. 11; Habersack Ex-Rep Sachenrecht Rn. 140, 143.

V. Fraglich ist jedoch, ob S damit zugleich nach den §§ 873 Abs. 1, 925 auch das Eigentum an den Traubenpressen erlangt hat. Das wäre dann der Fall, wenn die Traubenpressen wesentliche Bestandteile des Grundstücks sind. Dann wären die Traubenpressen nicht sonderrechtsfähig, sodass sie hinsichtlich der Eigentumsverhältnisse zum Grundstück gehören. Die Traubenpressen sind jedoch weder i.S.d. §§ 93, 94 Abs. 1 in irgendeiner Weise mit dem Grundstück fester verbunden noch wurden sie zur Herstellung des Gebäudes (§ 94 Abs. 2) eingefügt *(vgl. dazu ausführlich Fall 2)*. Demnach sind die Traubenpressen keine wesentlichen Bestandteile.

VI. S könnte das Eigentum an den Traubenpressen jedoch nach **§ 926 Abs. 1 S. 1** erworben haben. Das ist der Fall, wenn es sich bei den Traubenpressen um **Zubehör i.S.d. § 97** handelt und, wenn Veräußerer W und Erwerber S darüber einig sind, dass sich die Veräußerung auch auf das Zubehör erstrecken soll. Das bedeutet, dass es für den Erwerb von Zubehörstücken zwar einer Einigung i.S.d. § 929 S. 1 bedarf, aber Übergabe bzw. Übergabesurrogat entbehrlich sind. Nach § 926 Abs. 1 S. 2 ist ein entsprechender Wille zur Eigentumsübertragung im Zweifel anzunehmen.

Inventar i.S.d. § 98 dient stets dem Zwecke der Hauptsache. Insofern soll § 98 die Anwendung des § 97 erleichtern.

Die Traubenpressen könnten gemäß § 97 i.V.m. § 98 Nr. 2 Zubehörstücke des Grundstücks sein.

Sie sind bewegliche Sachen, die direkt auf dem Grundstück zur Weinherstellung benutzt werden. Sie ermöglichen und fördern bei zweckentsprechender Verwendung somit den Zweck der Hauptsache und stellen gemäß § 98 Nr. 2 landwirtschaftliches Inventar dar. Dies ist stets dem wirtschaftlichen Zwecke der Hauptsache zu dienen bestimmt und damit gemäß § 97 Zubehör.

Folglich hat S mangels Vorliegens einer die Vermutung des § 926 Abs. 1 S. 2 außer Kraft setzenden Vereinbarung neben dem Eigentum am Grundstück auch das Eigentum an den Traubenpressen gemäß §§ 873 Abs. 1, 925, 926 Abs. 1 S. 1 erworben.

VII. S ist somit sowohl Eigentümer des Grundstücks als auch der Traubenpressen geworden.

Fall 2: Wesentliche Bestandteile eines Grundstücks (Pavillonfall)
(BGH 10.02.1978 – V ZR 33/76, BGH NJW 1978, 1311)

Enkel E wird im Jahre 1990 von Oma O kraft testamentarischer Erbein-setzung zum Alleinerben bestimmt. Nach dem Tode der O im Septem-ber 2015 stellt sich heraus, dass zur Erbschaft ein großes unbebautes Baugrundstück gehört. Dort errichtet E umgehend einen kleinen, aber standfesten Pavillon mit Betonfundamenten, um seinen Freunden bei einer für Januar 2016 geplanten Gartenparty und darüber hinaus etwas bieten zu können. Die Party muss E letztlich jedoch wegen eines bevor-stehenden Orkans schon bald wieder absagen. Darüber ist er so ent-täuscht, dass er das Grundstück formgerecht an den Baulöwen B ver-kauft und übereignet. Nach der Eintragung des B im Grundbuch bereut E seine vorschnelle Entscheidung und verlangt von B zumindest die He-rausgabe des Pavillons. Zu Recht?

E könnte gegenüber B einen Anspruch auf Herausgabe des Pavillons aus §§ 985, (986) haben.

I. Dazu müsste der Anspruchsteller E gemäß § 985 **Eigentümer** des Pavil-lons sein.

1. Ursprünglich war E Eigentümer des von ihm errichteten Pavillons.

2. Er könnte sein Eigentum daran jedoch gemäß §§ 873 Abs. 1, 925 durch Übereignung des Grundstücks an B verloren haben.

a) Die hierfür gemäß **§§ 873 Abs. 1, 925** erforderliche **Auflassung** von E und B ist erfolgt.

b) Zudem ist B auch als neuer Eigentümer des Grundstücks gemäß § 873 Abs. 1 im Grundbuch **eingetragen** worden.

c) Ferner waren sich E und B **im Zeitpunkt der Eintragung** auch noch **ei-nig** darüber, dass der Eigentumsübergang zugunsten des B erfolgen soll.

d) Darüber hinaus war E, der seinerseits das Eigentum gemäß § 1922 im Wege der Gesamtrechtsnachfolge (Universalsukzession) von O erlangt hat, auch **verfügungsbefugter Grundstückseigentümer** und somit berech-tigt.

Folglich hat E das Eigentum am Grundstück gemäß §§ 873 Abs. 1, 925 an B verloren.

e) Fraglich ist, ob E durch den Eigentumsverlust am Grundstück auch das Eigentum am Pavillon verloren hat. Das ist der Fall, wenn der Pavillon nicht sonderrechtsfähig ist und er hinsichtlich der Eigentumsverhältnisse als zum Grundstück zugehörig anzusehen ist.

Wenn eine bewegliche Sache mit einem Grundstück dergestalt verbunden wird, dass sie wesentlicher Bestandteil des Grundstücks wird, so erstreckt sich gemäß § 946 das Eigentum am Grundstück auf die Sache. Wesentliche Bestandteile teilen somit das rechtliche Schicksal der Sache.[2] Wesentliche Bestandteile i.S.d. § 93 sind sowohl die Teile einer natürlichen Sacheinheit

Die dingliche Anspruchs-grundlage auf Herausga-be einer Sache ergibt sich aus § 985, der aber bei Be-stehen eines Rechts zum Besitz i.S.d. § 986 nicht realisiert werden kann. Daher kann man z.B. in Klammern den § 986 in der Anspruchsgrundlage angeben.

Wesentliche Bestandteile werden nicht rechtsge-schäftlich nach §§ 929 ff. übereignet, sondern das Eigentum geht kraft Ge-setzes über.

---

2   OLG Frankfurt NJW 1982, 653, 654; Palandt/Ellenberger § 93 Rn. 2.

als auch die unselbstständigen Teile einer zusammengesetzten Sache, die durch Verbindung miteinander ihre Selbstständigkeit verloren haben.[3] Das ist der Fall, wenn sie nicht voneinander getrennt werden können, ohne dass der eine oder andere Teil zerstört oder in seinem Wesen verändert wird, § 93.[4]

Kommen § 94 Abs. 1 und § 94 Abs. 2 zu unterschiedlichen Ergebnissen (weil eine Sache mit Grundstück A fest verbunden ist, aber zum Gebäude des Grundstücks B eingefügt ist), geht § 94 Abs. 2 als Sondervorschrift vor.[5]

Zu den wesentlichen Bestandteilen eines Grundstücks gehören ferner zum einen nach § 94 Abs. 1 die mit Grund und Boden fest verbundenen Sachen, zum anderen nach § 94 Abs. 2 die zur Herstellung des Gebäudes eingefügten Sachen sowie nach § 96 die mit dem Grundstück verbundenen Rechte.

Hier könnte der Pavillon nach § 94 Abs. 1 wesentlicher Bestandteil sein. Das setzt eine feste Verbindung mit dem Grund und Boden voraus. Eine solche kann hier hinsichtlich der Betonfundamente angenommen werden. Ob dies auch für den Pavillonaufbau gilt, ist indes unklar. Soweit er nur auf die Fundamente aufgestellt ist, könnte man an einer festen Verbindung zweifeln. Die Frage kann jedoch dahinstehen, wenn der Pavillonaufbau nach § 94 Abs. 2 wesentlicher Bestandteil ist.

Das ist der Fall, wenn der Aufbau zur Herstellung des Gebäudes eingefügt wurde. Der Begriff des „Einfügens" in § 94 Abs. 2 setzt dabei nicht ein bereits bestehendes Gebäude voraus; wie der Wortlaut zeigt, werden alle zur Herstellung eines Gebäudes eingefügten Sachen dessen wesentlicher Bestandteil.[6] Bei einem Pavillonaufbau kommt es insofern nur darauf an, ob seine Fundamente mit dem Grund und Boden fest verbunden sind.[7] Hier wurden die Aufbauelemente zur Herstellung des Gebäudes verwendet. Ferner lag mit den Fundamenten eine hinreichend feste Verbindung zum Grund und Boden vor.

Mit Grund und Boden verbundene oder eingefügte Sachen, die weder wesentliche noch einfache Grundstücksbestandteile sind **(Scheinbestandteile**, § 95), bleiben bewegliche Sachenn

Nach § 95 ist eine Sache jedoch schon kein Bestandteil eines Grundstücks, wenn sie nur zu einem vorübergehenden Zweck mit dem Grund und Boden verbunden wurde. Hier ist der Gartenpavillon nicht nur für die am 18.01.2007 geplante Gartenparty, sondern auch für eine spätere Verwendung, errichtet worden. Daher ist sein Zweck „nicht nur vorübergehend", sodass der Gartenpavillon kein Scheinbestandteil nach § 95 ist.

Folglich ist der Pavillon wesentlicher Bestandteil des Grundstücks des B gemäß § 94 Abs. 1 bzw. Abs. 2 geworden.

II. Folglich hat E durch den Eigentumsverlust am Grundstück gemäß §§ 873 Abs. 1, 925 auch das Eigentum am Pavillon verloren.

Somit hat E keinen Anspruch gegenüber B auf Herausgabe des Pavillons gemäß §§ 985, (986).

---

3 Palandt/Ellenberger § 93 Rn. 2.
4 BGHZ 61, 80, 81; 118, 226, 229.
5 BGH NJW-RR 2013, 652 = RÜ 2013, 217, 218.
6 BGH NJW 1978, 1311.
7 BGH NJW 1978, 1311.

Fall 3: Grundstücksbeeinträchtigung durch Immissionen
(BGH 04.02.2005 – V ZR 142/04, BGH NJW 2005, 1366 ff.)

Unter nicht näher geklärten Umständen trat aus einem auf dem Grundstück des B stehenden Schuppen eine kohlenwasserstoffhaltige Flüssigkeit aus, die sich auf dem Nachbargrundstück des K ausbreitete. Ob unbekannte Dritte oder ein Schaden im Schuppen des B hierfür verantwortlich sind, konnte nicht geklärt werden.
Die hierdurch verunreinigten Gehwegplatten, Kantensteine und Bodenschichten wurden sofort auf Veranlassung des K entfernt; dabei wurden zahlreiche Pflanzen zerstört. Durch die Wiederherstellung des ursprünglichen Zustandes sind Kosten i.H.v. 910,38 € entstanden, die K nun von B erstattet verlangt.

Zu Recht?

A. K könnte gegenüber B einen Anspruch auf Schadensersatz i.H.v. 910,38 € aus **§ 823 Abs. 1** haben.

I. Dazu müsste zunächst eine **Rechts(gut)verletzung** beim Anspruchsteller K eingetreten sein.

Durch die Ausbreitung der Flüssigkeit ist in die Sachsubstanz des Grundstücks des K eingegriffen worden, sodass eine Eigentumsverletzung des K vorliegt.

II. Ferner müsste die Rechtsgutverletzung durch ein **kausales Verhalten** begangen worden sein, das dem Anspruchsgegner B zurechenbar ist.

Im vorliegenden Fall erscheint es möglich und nicht ganz fernliegend, dass die Bodenverunreinigung in Abwesenheit des B durch einen Dritten verursacht wurde, sodass K den ihm obliegenden Beweis eines schadensursächlichen positiven Tuns oder pflichtwidrigen Unterlassens des B nicht führen kann.

Mithin liegt kein kausales Verhalten vor, das dem Anspruchsgegner B zurechenbar ist.

III. Somit hat K gegenüber B keinen Anspruch auf Schadensersatz i.H.v. 910,38 € aus **§ 823 Abs. 1**.

B. K könnte aber gegenüber B einen Anspruch auf Aufwendungsersatz i.H.v. 910,38 € aus **§§ 677, 684 S. 1 i.V.m. §§ 812 ff.** (echte unberechtigte Geschäftsführung ohne Auftrag) haben.

I. Dazu müssten zunächst die **Voraussetzungen des § 677** (= echte Geschäftsführung ohne Auftrag) vorliegen.

1. Hierzu müsste K gemäß § 677 ein **Geschäft besorgt** haben. Unter einer Geschäftsbesorgung ist jedes rechtsgeschäftliche oder tatsächliche Handeln mit wirtschaftlichen Folgen zu verstehen.

Die **echte unberechtigte GoA** enthält nach h.M. in § 684 S. 1 selbst den Rechtsgrund, sodass der Verweis auf die §§ 812 ff. nur ein **Rechtsfolgenverweis** ist.

Indem K die verunreinigten Gehwegplatten, Kantensteine und Boden-schichten entfernen ließ, handelte er rechtsgeschäftlich durch Abschluss eines entsprechenden Werkvertrages nach § 631 mit wirtschaftlichen Fol-gen (vgl. § 632) und besorgte daher ein Geschäft.

2. Des Weiteren müsste K dieses Geschäft gemäß § 677 auch **für einen an-deren** besorgt haben.

a) Dazu müsste es sich zunächst um ein **fremdes Geschäft** handeln. Ein **objektiv fremdes Geschäft** fällt schon seiner Natur, seinem Inhalt und sei-nem äußeren Erscheinungsbild nach in einen anderen Rechts- und Inte-ressenkreis als den des Handelnden. Ein **zugleich eigenes und fremdes Geschäft** (sog. „auch fremdes" Geschäft) besorgt der Handelnde, wenn die Übernahme zugleich im eigenen und im Interesse eines anderen liegt, d.h. wenn das Geschäft seiner äußeren Erscheinung nach nicht nur dem Han-delnden, sondern auch dem anderen zugutekommt.

Die Beseitigung einer Bodenkontamination durch den Eigentümer stellt demnach nur dann ein (auch) fremdes Geschäft des früheren Verursachers dar, wenn dieser zur Beseitigung der Kontamination verpflichtet war, d.h. der Eigentümer gegenüber dem Verursacher einen Beseitigungsanspruch hat.[8]

K könnte vorliegend gegenüber B einen Anspruch auf Beseitigung der ver-unreinigten Gehwegplatten, Kantensteine und Bodenschichten aus § 1004 Abs. 1 S. 1 haben.

aa) Dazu müsste zunächst eine **Eigentumsbeeinträchtigung beim An-spruchsteller** bestanden haben.

Eine Eigentumsbeeinträchtigung i.S.v. § 1004 ist jeder dem Inhalt des Ei-gentums widersprechende tatsächliche Zustand oder Vorgang.[9] Gelangen ohne den Willen des Eigentümers fremde Gegenstände oder Stoffe auf sein Grundstück oder in dessen Erdreich,[10] beeinträchtigen sie die dem Eigen-tümer durch § 903 garantierte umfassende Sachherrschaft, zu der es auch gehört, fremde Gegenstände oder Stoffe von dem Grundstück fernzuhal-ten. Deshalb sind diese Gegenstände oder Stoffe bis zur ihrer Entfernung allein durch ihre Anwesenheit eine Quelle fortdauernder Eigentumsstörun-gen.[11] Dies gilt auch dann, wenn der Eigentümer sein Eigentum an der stö-renden Sache aufgegeben oder durch Verbindung mit dem beeinträchti-genden Grundstück gemäß § 946 verloren hat.[12]

Auch wenn nicht geklärt werden kann, wer die Bodenkontamination ver-anlasst hat, so hat jedenfalls der Eigentümer der schädigenden kohlenwas-serstoffhaltigen Flüssigkeit sein Eigentum an der störenden Sache durch Verbindung mit dem Grundstück des K gemäß § 946 verloren. Die Flüssig-keit beeinträchtigte so die dem K durch § 903 garantierte umfassende

---

8 BGH NJW 2005, 1366, 1367; Palandt/Sprau § 677 Rn. 6; Harms NJW 1999, 3668, 3670.
9 BGHZ 66, 37, 39; 156, 172, 175; Staudinger/Gursky § 1004 Rn. 17.
10 Vgl. dazu BGH NJW-RR 2016, 24 = RÜ 2015, 763, 764.
11 BGH NJW 1996, 845, 846; BGH NJW 2005, 1366, 1367; Lohse AcP 201 (2001), 902, 904.
12 BGH NJW 2005, 1366, 1367.

Sachherrschaft an seinem Grundstück, auch wenn sich der hierfür Verantwortliche keinerlei Eigentümerbefugnisse anmaßte.

Folglich besteht eine Eigentumsbeeinträchtigung beim Anspruchsteller.

bb) Ferner müsste der **Anspruchsgegner Störer** sein.

Störer ist, auf wen sich die Störung kausal (äquivalent und adäquat) zurückführen lässt. Demnach ist **Handlungsstörer**, wer die Störung durch seine Handlung oder pflichtwidrige Unterlassung adäquat mitverursacht hat,[13] wobei die Umstände, aus denen sich die Verantwortlichkeit des in Anspruch Genommenen ergeben soll, vom Anspruchsteller zu beweisen sind.[14] **Zustandsstörer** ist der Eigentümer, Besitzer, Verfügungsbefugte einer Sache, von der eine Beeinträchtigung ausgeht, die wenigstens mittelbar auf seinen Willen zurückzuführen ist.[15] Der Haftung als Zustandsstörer kann der Eigentümer sich auch nicht durch Verzicht auf sein Eigentum entziehen.[16]

K kann hier dem B eine Verantwortlichkeit für die Bodenkontaminierung nicht nachweisen, sodass B schon kein Handlungsstörer ist.

Auch hat B mangels entgegenstehender Anhaltspunkte keine Gefahrenlage geschaffen oder eine von Dritten geschaffene Gefahrenlage aufrechterhalten und damit die von seinem Grundstück ausgehende Gefährdung des Eigentums des K wenigstens mittelbar gewollt. Vielmehr ist es möglich, dass die Flüssigkeit ohne Wissen und Wollen des B von Dritten auf das Grundstück des K verbracht und dort freigesetzt wurde, sodass dann B die hiermit verbundene Gefahr für das Grundstück des K nicht abwehren konnte. Demzufolge ist B auch kein Zustandsstörer.

Folglich ist Anspruchsgegner B kein Störer gemäß § 1004 Abs. 1 S. 1.

b) Mithin hat K keinen Anspruch gegenüber B auf Beseitigung der verunreinigten Gehwegplatten, Kantensteine und Bodenschichten aus § 1004 Abs. 1 S. 1.

Somit liegt kein (auch) fremdes Geschäft des K vor; er hat mithin kein Geschäft für einen anderen i.S.v. § 677 besorgt.

II. Folglich hat K gegenüber B keinen Anspruch auf Aufwendungsersatz i.H.v. 910,38 € aus §§ 677, 683 S. 1, 684 i.V.m. §§ 812 ff.

Mangels fremden Geschäftes bedarf es hier keiner Erörterung der weiteren Voraussetzungen von § 677 (Kenntnis der Fremdheit, Fremdgeschäftsführungswille) sowie der Voraussetzungen von §§ 683, 684 S. 1.

Anmerkung:

Die Rspr. gewährt bei Immissionen einen verschuldensunabhängigen nachbarrechtlichen Ausgleichsanspruch gemäß § 906 Abs. 2 S. 2 (analog), wenn die von einem Grundstück auf das benachbarte Grundstück ausgehende Einwirkung zwar rechtswidrig ist und deshalb nicht geduldet zu werden braucht, der betroffene Eigentümer oder Besitzer aber aus besonderen Gründen gehindert ist, diese Einwirkungen gemäß §§ 1004 Abs. 1, 862 Abs. 1 zu unterbinden und

---

13 BGHZ 49, 340, 347; 144, 200, 203; Palandt/Bassenge § 1004 Rn. 16; Schreiber Jura 2013, 111, 115.
14 BGH NJW 2005, 1366, 1368; Staudinger/Gursky § 1004 Rn. 232.
15 BGHZ 122, 283, 284; 155, 99, 105; BGH NJW 2005, 1366, 1368; Schreiber Jura 2013, 111, 115.
16 BGH NJW 2007, 2182.

wenn er dadurch Nachteile erleidet, die das zumutbare Maß einer entschädigungslos hinzunehmenden Beeinträchtigung übersteigen.[17]

Solche Gründe liegen insbesondere vor, wenn der Betroffene die abzuwehrende Gefahr nicht rechtzeitig erkannt hat und auch nicht erkennen konnte.[18] *Dies ist hier jedoch gerade nicht der Fall, da K die Gefahr ja rechtzeitig erkannte und die verunreinigten Gehwegplatten, Kantensteine und Bodenschichten sofort entfernen ließ. Im Übrigen scheitert § 906 Abs. 2 S. 2 (analog) immer auch dann, wenn ein Anspruch aus § 1004 nicht gegeben wäre. Somit setzt § 906 Abs. 2 S. 2 (analog) auch eine Störereigenschaft des Anspruchsgegners voraus, die hier nicht gegeben ist. Letztlich ist also der Anspruch aus § 906 Abs. 2 S. 2 analog dann einschlägig, wenn der Anspruch aus § 1004 nicht rechtzeitig geltend gemacht werden kann. Hier kommt also kein nachbarrechtlicher Ausgleichsanspruch gemäß § 906 Abs. 2 S. 2 (analog) in Betracht.*

*Sofern in der Falllösung ein **nachbarrechtlicher Ausgleichsanspruch aus § 906 Abs. 2 S. 2 (direkt oder analog)** zu prüfen sein sollte, empfiehlt es sich, wie folgt vorzugehen (vgl. Fall 4 und 5):*

I.   **Anspruchsteller** *ist* **Eigentümer oder Besitzer** *eines Grundstücks*

II.   **Anspruchsgegner** *ist* **Benutzer** *des emittierenden (Nachbar-) Grundstücks*

III.   *Wesentliche* **Beeinträchtigung** *durch eine ortsübliche Benutzung des emittierenden Grundstücks*

IV.   **Duldungspflicht** *des Eigentümers nach § 906 Abs. 2 S. 1 (analog)*

V.   **Unzumutbarkeit der Beeinträchtigung**

VI.   **Rechtsfolge**: *bürgerlich-rechtlicher Aufopferungsanspruch, d.h. angemessener Ausgleich in Geld (= verschuldensunabhängiger Entschädigungsanspruch)*

---

17   BGHZ 58, 149, 158 f.; 90, 255, 262; 111, 158, 162 f.
18   BGHZ 85, 375, 384 f.

Fall 4: Nachbarrechtlicher Ausgleichsanspruch (Wurzelfall)
(BGH 28.11.2003 – V ZR 99/03, BGH NJW 2004, 603)

In der ganzen Straße sind A und B als nette Nachbarn bekannt. Ihre Grundstücke liegen direkt nebeneinander, ihre freistehenden Einfamilienhäuser sind baugleich. Das gute Verhältnis wird jedoch seit einiger Zeit stark strapaziert, da die Wurzeln des Kirschbaumes des A die Gehwegplatten des Hauseingangs des B im Laufe der Jahre hochgedrückt haben. Der Kirschbaum stand schon auf dem Grundstück des A, bevor er es erworben hatte. Die Ursache der Schäden war für beide trotz des geringen Abstands von der Grundstücksgrenze weder vorhersehbar noch erkennbar. Mittlerweile sind einige der fest einzementierten Platten gesprungen und stehen teilweise derart hoch, dass B sich schon sehr in Acht nehmen muss, um nicht auf dem Weg zu seinem Haus ins Stolpern zu geraten.

B verlangt von A die Wurzeln „seines Kirschbaumes" zu entfernen und die Gehwegplatten fachgerecht erneuern zu lassen.

Zu Recht?

A. Anspruch aus § 1004 Abs. 1 S. 1

B könnte gegen A einen Anspruch auf Beseitigung der Wurzeln und auf Erneuerung der Gehwegplatten aus § 1004 Abs. 1 S. 1 haben.

I. Dazu müsste zunächst eine **Eigentumsbeeinträchtigung** i.S.d. § 1004 Abs. 1 S. 1 beim Anspruchsteller vorliegen. Das bedeutet, dass das Grundstückseigentum des B in anderer Weise als durch Entziehung oder Vorenthaltung des Besitzes beeinträchtigt sein muss.

Umstritten ist, ob auch Schäden (am Grundstück) eine Beeinträchtigung nach § 1004 darstellen.

1. Nach **einer Ansicht**[20] stellt jeder dem Inhalt des Eigentums widersprechende Eingriff in die rechtliche oder tatsächliche Herrschaftsmacht des Eigentümers eine Eigentumsbeeinträchtigung dar, sodass ein Grundstückseigentümer auch durch hinüberwachsende Wurzeln in seiner Ausschließungsbefugnis aus § 903 beeinträchtigt wird. Jeder Gegenstand ist daher bis zu seiner Entfernung allein durch seine Anwesenheit eine Quelle fortdauernder Eigentumsstörung.[21]

Die Wurzeln sind gemäß § 93 wesentliche Bestandteile des Kirschbaumes, der seinerseits gemäß § 94 Abs. 1 S. 2 als wesentlicher Grundstücksbestandteil dem A gehört, dessen Eigentum sich gemäß § 905 S. 1 auch auf das Erdreich seines Grundstücks erstreckt.

Beachte:
§ 1004 Abs. 1 S. 1 bleibt nach h.M. neben § 910 nach Wahl des Gestörten anwendbar, um seine Rechte nicht zu beschränken.[19]

---

19 BGHZ 60, 235, 241 f.; BGH NJW 2004, 603.
20 BGHZ 66, 37, 39; 156, 172, 175; BGH NW 2005, 1366, 1367; Deimel JA 2001, 119, 120.
21 BGH NW 2005, 1366, 1367; Mertens NJW 1972, 1783, 1785.

Mithin läge nach dieser Ansicht durch das Hinüberwachsen der Wurzeln und die damit einhergehende Beschädigung der Gehwegplatten eine Eigentumsbeeinträchtigung des B vor.

2. Nach **anderer Ansicht**[22] stellen Schäden keine Beeinträchtigung i.S.d. § 1004 dar, sondern nur die „Usurpation" (= durch Gebrauch an sich reißen) des Eigentums, also der Akt der Eigentumsverletzung als solcher.

Dies wird zum Zwecke einer sachgerechten Abgrenzung zwischen dem verschuldensabhängigen Schadensersatzanspruch aus § 823 und dem verschuldensunabhängigen Beseitigungsanspruch aus § 1004 Abs. 1 insbesondere damit begründet, dass der Störer bereits durch den Akt des Eingriffs die Eigentümerstellung des Betroffenen mit seiner Rechtssphäre überlagere.

Mithin läge nach dieser Ansicht nur durch das Hinüberwachsen der Wurzeln als dem Ursupationsakt (als solchem) eine Eigentumsbeeinträchtigung vor. Die Beschädigung der Gehwegplatten wären hiernach aber gerade keine Eigentumsbeeinträchtigung des B.

3. Da die Ansichten zu unterschiedlichen Ergebnissen kommen, ist eine **Streitentscheidung** erforderlich. Der ersten Ansicht ist zu folgen, da die Vorschrift des § 1004 die ihr zugedachte Aufgabe, zusammen mit § 985 das Eigentum und die damit verbundene Sachherrschaft in umfassender Weise zu schützen, nur noch unvollständig erfüllen könnte. Tatsächlich muss aber dem Eigentum auch dann Geltung verschafft werden können, wenn der Eigentümer, wie hier, an der Ausübung seiner uneingeschränkten Sachherrschaft gehindert ist, ohne dass sich der hierfür Verantwortliche irgendwelche Eigentümerbefugnisse anmaßt.

Somit liegt eine Eigentumsbeeinträchtigung des B i.S.d. § 1004 Abs. 1 S. 1 vor.

II. Ferner müsste der Anspruchsgegner A i.S.d. § 1004 Abs. 1 S. 1 **Störer** sein.

Störer ist, auf wen sich die Störung kausal (äquivalent und adäquat) zurückführen lässt. Demnach ist Handlungsstörer, wer die Störung durch seine Handlung oder pflichtwidrige Unterlassung adäquat mitverursacht hat,[23] wobei die Umstände, aus denen sich die Verantwortlichkeit des in Anspruch Genommenen ergeben soll, vom Anspruchsteller zu beweisen sind.[24] Zustandsstörer ist der Eigentümer, Besitzer, Verfügungsbefugte einer Sache, von der eine Beeinträchtigung ausgeht, die wenigstens mittelbar auf seinen Willen zurückzuführen ist.[25]

A hat den Baum nicht selbst gepflanzt, sodass er jedenfalls nicht Handlungsstörer ist. Er könnte aber als Eigentümer Zustandsstörer sein. Fraglich

---

22 Staudinger/Gursky § 1004 Rn. 20, 43 f., 112 f., 134; Erman/Ebbing § 1004 Rn. 82 ff.; Gursky JZ 1996, 683, 684; Neuner JuS 2005, 385, 391.
23 BGHZ 49, 340, 347; 144, 200, 203; Palandt/Bassenge § 1004 Rn. 16.
24 BGH NJW 2005, 1366, 1368; Staudinger/Gursky § 1004 Rn. 232.
25 BGHZ 122, 283, 284; 155, 99, 105; BGH NJW 2005, 1366, 1368.

ist hierbei jedoch, ob die Beeinträchtigung mittelbar auf seinen Willen zurückzuführen ist. So hat A zwar das Hinüberwachsen nicht durch das Anpflanzen des Baumes ermöglicht. Als Grundstückseigentümer ist A jedoch nach dem Rechtsgedanken der §§ 903, 910 verpflichtet, auch auf Nachbargrundstücke Rücksicht zu nehmen. Es ergibt sich somit aus der Nutzung des Grundstücks eine „Sicherungspflicht".[26] Demnach hätte A hier dafür Sorge tragen müssen, dass Wurzeln nicht auf das Nachbargrundstück überwachsen. Er ist daher als Zustandsstörer anzusehen.

III. Des Weiteren dürfte B nicht zur **Duldung** der Eigentumsbeeinträchtigung nach § 1004 Abs. 2 **verpflichtet** sein.

Mangels entgegenstehender Anhaltspunkte kommen hier keinerlei Duldungspflichten des B in Betracht; insbesondere greifen mangels Grobimmissionen die Duldungspflichten aus § 906 Abs. 1 S. 1 bzw. § 906 Abs. 2 S. 1 nicht ein und wegen der Beschädigung und des Versatzes der Gehwegplatten besteht auch keine Duldungspflicht aus § 910 Abs. 2.[27]

Somit ist B nicht zur Duldung der Eigentumsbeeinträchtigung nach § 1004 Abs. 2 verpflichtet.

IV. Mithin kann B von A die Beseitigung der primären Beeinträchtigung nebst ihrer unmittelbaren Folgewirkungen[28] verlangen.

Das bedeutet, dass die Beseitigungspflicht des A neben der Beseitigung der Wurzeln auch die Beseitigung der Schäden, die zwangsläufig durch die Beseitigung der primären Störung entstehen, also die Erneuerung der Gehwegplatten, umfasst.

Somit hat B gegen A einen Anspruch auf Beseitigung der Wurzeln und auf Erneuerung der Gehwegplatten aus § 1004 Abs. 1 S. 1.

B. Anspruch aus § 862 Abs. 1 S. 1

Darüber hinaus könnte B gegen A einen Anspruch auf Beseitigung der Wurzeln und auf Erneuerung der Gehwegplatten aus § 862 Abs. 1 S. 1 haben.

I. Hierzu müsste A den B durch **verbotene Eigenmacht i.S.d. § 858 Abs. 1** im Besitz gestört haben.

Verbotene Eigenmacht liegt nach der Legaldefinition des § 858 Abs. 1 vor, wenn dem Besitzer ohne dessen Willen der Besitz entzogen wird oder er im Besitz gestört wird, sofern nicht das Gesetz die Entziehung oder die Störung gestattet. Eine Besitzstörung in diesem Sinne ist die Beeinträchtigung des unmittelbaren Besitzes durch ausschnittsweisen Entzug der durch ihn gewährten Gebrauchs- bzw. Nutzungsmöglichkeit.[29]

---

26 BGH NJW 2004, 603, 604.
27 BGH, NJW 2004, 603, 604; Lettl JuS 2005, 871, 874.
28 BGHZ 97, 231, 236 f.; BGH NW 2005, 1366, 1367 f.
29 Palandt/Bassenge § 862 Rn. 2.

Indem B in seinem unmittelbaren Besitz an seinem Grundstück durch die vom Grundstück des A eindringenden Wurzeln und infolgedessen durch die beschädigten Gehwegplatten gegen seinen Willen beeinträchtigt wird, verübt A zulasten des B gemäß § 858 Abs. 1 verbotene Eigenmacht.

Somit hat A den B durch verbotene Eigenmacht im Besitz gestört.

II. Des Weiteren muss die Besitzstörung des B im Hinblick darauf, dass sie (nur) durch ihre Abstellung für die Zukunft beseitigt werden kann, auch noch **fortdauern**.[30]

Die Wurzeln würden infolge ihrer natürlichen Entwicklung stets weiterwachsen, sodass die Störung auch noch i.S.v. § 862 fortdauert.

Die Rechtsposition des Besitzers kann nicht stärker sein als die des Eigentümers. Daher ist auch hier § 1004 Abs. 2 zu prüfen!

III. Ferner dürfte **analog zu § 1004 Abs. 2 keine Duldungspflicht** für den Besitzer bestehen. Insoweit kann hier auf die Erörterungen unter A., III. verwiesen werden; mithin besteht keine Duldungspflicht des B.

IV. Auch dürfte der Anspruch nicht nach **§ 862 Abs. 2** ausgeschlossen sein.

Das ist gemäß § 862 Abs. 2 der Fall, wenn der Besitzer dem Störer oder dessen Rechtsvorgänger gegenüber fehlerhaft besitzt und der Besitz in dem letzten Jahr vor der Störung erlangt worden ist.

Hier besitzt B weder dem Störer A oder dessen Rechtsvorgänger gegenüber fehlerhaft i.S.d. § 862 Abs. 2 noch ist seit der Verübung der verbotenen Eigenmacht gemäß § 864 Abs. 1 mehr als ein Jahr vergangen, da die Frist erst mit Abschluss der Störungshandlung beginnt und die Wurzeln derzeit noch weiterwachsen.

Somit ist der Anspruch nicht nach § 862 Abs. 2 ausgeschlossen.

Der Beseitigungsbegriff des § 862 Abs. 1 entspricht dem des § 1004 Abs. 1.

V. Demnach ist A gemäß § 862 Abs. 1 S. 1 verpflichtet, die Besitzstörung bei B zu beseitigen. Diese Beseitigungspflicht ist – genauso wie § 1004 Abs. 1 S. 1 (s.o. unter A.) – darauf gerichtet, die Wurzeln des Kirschbaumes zu beseitigen und die Schäden an den Gehwegplatten auszubessern.

Mithin hat B gegen A einen Anspruch auf Beseitigung der Wurzeln und auf Erneuerung der Gehwegplatten aus § 862 Abs. 1 S. 1.

C. Anspruch aus § 823 Abs. 1

Darüber hinaus könnte sich ein Anspruch des B gegenüber A auf Beseitigung der Wurzeln und auf Erneuerung der Gehwegplatten aus § 823 Abs. 1 ergeben.

I. Die dafür erforderliche Rechtsgutverletzung des B ist in Form einer Eigentumsverletzung durch Einwirkung auf sein Grundstück gegeben. Der Wurzelüberwuchs hindert den B daran, mit seinem Grundstück nach seinem Wunsch zu verfahren (vgl. §§ 903, 905).

II. Ferner müsste die Eigentumsverletzung auf ein Verhalten zurückzuführen sein, das dem Anspruchsgegner A zurechenbar ist.

---

30 BGHZ 28, 110, 113; BGH NW 2005, 1366, 1367.

In Betracht kommt ein Unterlassen des A hinsichtlich einer ihm obliegenden Verkehrssicherungspflicht. Zwar hat A als Eigentümer des Kirschbaumes die Pflicht, im Rahmen seiner Möglichkeiten dafür zu sorgen, dass von dem Baum keine Gefahren für andere ausgehen.[31] Daher ist der Eigentümer eines Grundstücks auch für das natürliche Wurzelwachstum verantwortlich und demgemäß trifft ihn die Pflicht darauf zu achten, dass Baumwurzeln nicht über seine Grundstücksgrenze hinauswachsen.[32]

Die Gefahr des Wurzelüberwuchs war für beide aber weder vorhersehbar noch erkennbar und daher bestanden auch keine konkreten Anhaltspunkte für eine Schädigung. Daher ist das Eigentum des B nicht durch eine dem A zurechenbare Unterlassung verletzt worden.

Somit besteht auch kein Anspruch des B gegen A auf Beseitigung der Wurzeln und auf Erneuerung der Gehwegplatten aus § 823 Abs. 1.

D. Anspruch aus § 823 Abs. 2 i.V.m. § 1004 Abs. 1 S. 1

Des Weiteren kommt auch ein Anspruch des B gegenüber A auf Beseitigung der Wurzeln und auf Erneuerung der Gehwegplatten aus § 823 Abs. 2 i.V.m. § 1004 Abs. 1 S. 1 nicht in Betracht.

Zwar ist § 1004 Abs. 1 S. 1 ein Schutzgesetz i.S.d. § 823 Abs. 2,[33] aber mangels schuldhafter (= vorsätzlicher oder fahrlässiger) Verletzung des A gemäß § 823 Abs. 2 S. 2, der wegen des doch recht großen Abstands von der Grundstücksgrenze weder erkannte noch erkennen konnte (s.o. unter C.), dass ihm aus § 1004 Abs. 1 S. 1 eine Beseitigungspflicht oblag, liegen die Tatbestandsvoraussetzungen des Anspruchs aus § 823 Abs. 2 i.V.m. § 1004 Abs. 1 S. 1 nicht vor.

E. Anspruch aus § 906 Abs. 2 S. 2

Jedoch könnte B gegen A einen Anspruch auf Beseitigung der Wurzeln und auf Erneuerung der Gehwegplatten aus § 906 Abs. 2 S. 2 (nachbarrechtlicher Ausgleichsanspruch) haben.

Die Voraussetzungen des verschuldensunabhängigen nachbarrechtlichen Ausgleichsanspruches nach § 906 Abs. 2 S. 2 sind mit Blick darauf, dass von dem Grundstück des A im Rahmen seiner privatwirtschaftlichen Nutzung auf das Grundstück des B Einwirkungen in Form von grenzüberschreitenden Baumwurzeln ausgehen, die das zumutbare Maß einer entschädigungslos hinzunehmenden Beeinträchtigung übersteigen und der Eigentümer B aus besonderen Gründen gehindert war, die Einwirkungen gemäß § 1004 Abs. 1 S. 1 rechtzeitig zu verhindern,[34] zwar gegeben.

Aufbau von § 906 Abs. 2 S. 2:
1. Anspruchsteller = Eigentümer oder Besitzer eines Grundstücks
2. Anspruchsgegner = Benutzer des (emittierenden) Nachbargrundstücks
3. Wesentliche Beeinträchtigung durch eine ortsübliche Benutzung des emittierenden Grundstücks, d.h. Bestehen eines Abwehranspruchs nach den §§ 862, 907 ff., 1004
4. Duldungspflicht des Eigentümers nach § 906 Abs. 2 S. 1
5. Unzumutbarkeit der Beeinträchtigung
6. Rechtsfolge: Angemessener Ausgleich in Geld

---

31 BGH NJW 2003, 1732, 1733; BGH NJW 2004, 603, 604.
32 BGH NJW 2004, 603, 604.
33 BGHZ 104, 6, 16; Palandt/Bassenge § 1004 Rn. 49; Staudinger/Roth § 906 Rn. 56.
34 Vgl. BGH NJW 2004, 603, 604; BGH NJW 2008, 992, 993; Erman/R. Wilhelmi § 906 Rn. 43.

Aber zum einen ist die analoge Anwendung gemäß § 906 Abs. 2 S. 2 nicht angezeigt, wenn der Eigentümer nach § 1004 Abs. 1 S. 1 und nach § 862 Abs. 1 S. 1 Ersatz zu erlangen vermag[35] (s.o. unter A. und B.) und zum anderen gewährt dieser Ausgleichsanspruch auch nur einen angemessenen Ausgleich in Geld.[36]

Das Begehren des B ist vorliegend aber darauf gerichtet, dass A die Wurzeln des Kirschbaumes entfernt und die Gehwegplatten fachgerecht erneuern lässt.

Mithin hat B gegen A keinen Anspruch auf Beseitigung der Wurzeln und auf Erneuerung der Gehwegplatten aus § 906 Abs. 2 S. 1 analog.

---

35 Vgl. BGHZ 155, 99, 101 f.; BGH NJW 2008, 992, 993.
36 Vgl. BGH RÜ 2009, 759; Palandt/Bassenge § 906 Rn. 27, 29.

Fall 5: Kein Schmerzensgeld im Nachbarrecht
(BGH 23.07.2010 – V ZR 142/09, BGH NJW 2010, 3160 = RÜ 2010, 689)

Bereits mehr als 30 Jahre wohnt Oma O in ihrem Einfamilienhaus neben dem Zechengelände der Zeche Z im Ruhrgebiet. Durch den stetigen Ausbau des Steinkohlebergbaus kommt es in der Umgebung rund um den Wohnort der O immer wieder zu Erderschütterungen. Daran hat sich O gewöhnt. Da immer mehr Zechen im Ruhrgebiet schließen müssen, die Z aber sehr profitabel arbeitet, werden auf Grundlage rechtmäßiger behördlicher Genehmigungen neue Flötze für den Abbau im Bereich der Z erschlossen. Dadurch kommt es unter dem Grundstück der O seit 2011 zu erheblichen Erschütterungen, die zu einer wesentlichen und unzumutbaren Beeinträchtigung der O in Form von psychosomatischen Beschwerden, wie Schlaflosigkeit und ständigen Angstzuständen in Erwartung weiterer Beben, führen. Als Ausgleich dafür und um endlich ihren „Lebensabend" in Ruhe verbringen zu können, verlangt O Anfang 2016 von Z ein angemessenes Schmerzensgeld. Z wendet zutreffend ein, dass es ihr wirtschaftlich unzumutbar ist, die Beeinträchtigungen der O durch geeignete Maßnahmen zu verhindern. Daher ist Z der Ansicht, dass die Beeinträchtigungen der O von ihr auch nicht durch Zahlung eines Schmerzensgeldes auszugleichen seien.

Zu Recht?

Bearbeitervermerk: Schmerzensgeldansprüche nach den Vorschriften über die Bergschadenhaftung (§§ 114 ff. BbergG) sind nicht zu prüfen.

A. Anspruch aus § 823 Abs. 1 i.V.m. § 253 Abs. 2

O könnte gegen Z einen Anspruch auf Zahlung eines angemessenen Schmerzensgeldes aus § 823 Abs. 1 i.V.m. § 253 Abs. 2 haben.

I. Dazu müsste der **haftungsbegründende Tatbestand** des § 823 Abs. 1 erfüllt sein.

1. Erforderlich ist hierfür zunächst, dass ein Recht bzw. Rechtsgut i.S.d. § 823 Abs. 1 verletzt wurde.

Infolge der sich körperlich wie geistig auswirkenden psychosomatischen Beschwerden der O liegt eine **Körper- und Gesundheitsverletzung** nach § 823 Abs. 1 vor.

2. Die Körper- und Gesundheitsverletzung der O müsste auf ein **Verhalten, das Z zurechenbar ist**, zurückzuführen sein.

Durch die von Z vorgenommene Erweiterung des Steinkohlebergbaus unter dem Grundstück der O ist es zu erheblichen Erschütterungen gekommen, deren kausale Folge die wesentliche und unzumutbare Beeinträchtigung der O in Form von psychosomatischen Beschwerden war.

Somit ist die Körper- und Gesundheitsverletzung der O auf ein positives Tun, das Z zurechenbar ist, zurückzuführen.

15

3. Des Weiteren müsste das Verhalten der Z **widerrechtlich** gewesen sein.

Dies ist dann der Fall, wenn es für das Verhalten der Z keinen Rechtfertigungsgrund gibt und es damit – objektiv gesehen – entgegen der Rechtsordnung vorgenommen worden ist.

Geht es, wie hier, um das Verhältnis zwischen Grundstücksnachbarn, so sind die nachbarrechtlichen **Sonderbestimmungen der §§ 906 ff.** in dem davon erfassten Regelungsbereich maßgebend dafür, ob die von dem einen auf das andere Grundstück ausgehenden Einwirkungen rechtswidrig sind; diese Bestimmungen entscheiden deshalb auch darüber, ob das deliktische Verhalten widerrechtlich gewesen ist oder nicht.[37]

Danach ergibt sich für O eine **Duldungspflicht** entweder aus § 906 Abs. 1 S. 1, wenn die Erschütterungen die Benutzung des von ihr bewohnten Grundstücks unwesentlich beeinträchtigt haben, oder aus § 906 Abs. 2 S. 1, wenn die Beeinträchtigung zwar wesentlich war, aber durch die ortsübliche Benutzung des emittierenden Grundstücks herbeigeführt wurde und nicht durch wirtschaftlich zumutbare Maßnahmen verhindert werden konnte. Mit Blick darauf, dass Z hier zutreffend eingewandt hat, dass es ihr wirtschaftlich unzumutbar ist, die wesentlichen Beeinträchtigungen der O durch geeignete Maßnahmen zu verhindern, ist O zur Duldung der Einwirkungen nach § 906 Abs. 2 S. 1 verpflichtet.

Mithin ist das Verhalten der Z objektiv von der Rechtsordnung gedeckt und damit gerechtfertigt.

II. Somit hat O gegen Z keinen Anspruch auf Zahlung eines angemessenen Schmerzensgeldes aus § 823 Abs. 1 i.V.m. § 253 Abs. 2.

B. Anspruch aus § 906 Abs. 2 S. 2

Jedoch könnte O gegen Z einen, auf die Zahlung eines angemessenen Schmerzensgeldes gerichteten, nachbarrechtlichen Ausgleichsanspruch aus § 906 Abs. 2 S. 2 haben.

I. Dazu müssten zunächst die **Voraussetzungen** des nachbarrechtlichen Ausgleichsanspruches aus § 906 Abs. 2 S. 2 gegeben sein.

1. Dann müsste **Anspruchstellerin** O zunächst **Eigentümerin oder Besitzerin eines Grundstücks** sein. O bewohnt hier ein mit einem Einfamilienhaus bebautes Grundstück und ist mangels entgegenstehender Anhaltspunkte (wohl) auch Eigentümerin des Grundstücks.

2. Ferner müsste die Zeche Z als **Anspruchsgegnerin** die **Benutzerin des (emittierenden) Nachbargrundstücks** sein. Das Zechengelände der Z liegt neben dem Grundstück der O, sodass Z Nachbarin der O ist.

3. Des Weiteren müsste eine **wesentliche Beeinträchtigung durch eine ortsübliche Benutzung des emittierenden Grundstücks** vorliegen.

Aufbau von § 906 Abs. 2 S. 2:
1. Anspruchsteller = Eigentümer oder Besitzer eines Grundstücks
2. Anspruchsgegner = Benutzer des (emittierenden) Nachbargrundstücks
3. Wesentliche Beeinträchtigung durch eine ortsübliche Benutzung des emittierenden Grundstücks, d.h. Bestehen eines Abwehranspruchs nach den §§ 862, 907 ff., 1004
4. Duldungspflicht des Eigentümers nach § 906 Abs. 2 S. 1
5. Unzumutbarkeit der Beeinträchtigung
6. Rechtsfolge: Angemessener Ausgleich in Geld

---

37 BGHZ 90, 255, 257 f.; BGH NJW 2010, 3160, 3161 = RÜ 2010, 689.

Zu Beeinträchtigungen i.S.d. § 906 Abs. 2 S. 2 gehören auch Erschütterungen des Erdreichs, die durch untertägigen Bergbau, im Verhältnis zwischen dem beeinträchtigten Eigentümer und der bergbauberechtigten Zeche hervorgerufen werden (vgl. § 906 Abs. 1 S. 1: „Erschütterungen").[38]

Durch die entsprechend den behördlichen Genehmigungen erfolgte Ausweitung des Steinkohlebergbaus kommt es seit 2008 auf dem Grundstück der O zu erheblichen Erschütterungen, die zu einer wesentlichen und unzumutbaren Beeinträchtigung der O führen und, wie bereits dargestellt, eine Körper- und Gesundheitsverletzung bei ihr verursacht haben.

Somit liegt eine wesentliche Beeinträchtigung i.S.d. § 906 Abs. 2 S. 2 vor.

4. Ferner müsste O **zur Duldung** dieser unzumutbaren Beeinträchtigung **gemäß § 906 Abs. 2 S. 1 verpflichtet** gewesen sein. Dies ist, wie zuvor bereits dargestellt (s.o. A., I., 3.), der Fall.

Mithin liegen die Voraussetzungen eines nachbarrechtlichen Ausgleichsanspruches zugunsten der O gegenüber der Z aus § 906 Abs. 2 S. 2 vor.

II. Das bedeutet, dass die beeinträchtigte Grundstückseigentümerin O gegen Z als Eigentümerin des emittierenden Grundstücks anstelle des durch die Duldungspflicht nach § 906 Abs. 2 S. 1 ausgeschlossenen Abwehranspruchs einen **verschuldensunabhängigen Entschädigungsanspruch aus § 906 Abs. 2 S. 2** erhält.

Umstritten ist jedoch, ob von der Rechtsfolge des § 906 Abs. 2 S. 2 auch eine billige Entschädigung in Geld (in Form von **Schmerzensgeld** nach § 253 Abs. 2) erfasst wird.

1. Nach einer in der **Lit.** vereinzelt vertretenen Auffassung[39] wird ein Schmerzensgeldanspruch auf der Grundlage von § 906 Abs. 2 S. 2 i.V.m. § 253 Abs. 2 bejaht. Dies wird vor allem damit begründet, dass man so einen vollen Schadensausgleich erzielen und damit die dem Eigentümer auferlegte Duldungspflicht vollständig abgelten könne.

Hiernach könnte O folglich von Z die Zahlung eines angemessenen Schmerzensgeldes verlangen.

2. Nach Auffassung in der übrigen **Lit.**[40] und vor allem in der **Rspr.**[41] ergibt sich aus § 906 Abs. 2 S. 2 jedoch kein Schmerzensgeldanspruch. Dies wird u.a. damit begründet, dass der Ausgleichsanspruch ungeachtet des Umstands, dass die auf seiner Grundlage zu zahlende Entschädigung im Einzelfall die Höhe des vollen Schadensersatzes erreichen kann, eben kein Schadensersatzanspruch sei. Aber gerade dies sei nach § 253 Abs. 2 die Voraussetzung für die Verpflichtung des Schädigers zur Zahlung von Schmerzensgeld. Da § 253 Abs. 2, wie der Umkehrschluss aus § 253 Abs. 1 ergebe, nicht analogiefähig sei, könne mithin ein Schaden, der nicht Vermögensschaden ist, eben nur in den gesetzlich bestimmten Fällen (§ 253 Abs. 1)

---

38 BGHZ 178, 90; BGH NJW 2010, 3160 = RÜ 2010, 689, 690; Palandt/Bassenge § 906 Rn. 10.
39 Bamberger/Roth-Spindler, BeckOK BGB, § 253 Rn. 10; Däubler JuS 2002, 625, 626 f.
40 Palandt/Bassenge § 906 Rn. 29; MünchKomm/Säcker § 906 Rn. 138; Horst in Büchting/Heussen, Rechtsanwaltshandbuch, § 21 Rn. 13.
41 BGHZ 142, 66, 70; BGH NJW 2010, 3160 = RÜ 2010, 689, 691.

oder im Rahmen von Schadensersatzansprüchen (§ 253 Abs. 2) gefordert werden.

Mithin könnte hiernach O von Z nicht die Zahlung eines angemessenen Schmerzensgeldes verlangen.

Beachte:
Der Ausgleichsanspruch des § 906 Abs. 2 S. 2 soll verschuldensunabhängig eine Entschädigung zum Zwecke des Ausgleichs vermögenswerter Nachteile gewähren, die ihre Ursache in der Eigentums- oder Besitzstörung haben. Ein Ersatz immaterieller Schäden nach § 253 wird hiervon nach h.M. aber nicht umfasst.

3. Da beide Ansichten zu unterschiedlichen Ergebnissen führen, ist eine **Streitentscheidung** erforderlich. Der zweiten Ansicht ist zu folgen. Dafür spricht zum einen die systematische Stellung des § 253 im Bereich der Rechtsfolgen (§§ 249 ff.) von Schadensersatzansprüchen, die stets ein vom Gesetzgeber angeordnetes Verschulden voraussetzen, sofern es sich nicht um die abschließend geregelten Fälle der verschuldensunabhängigen Gefährdungshaftung handelt, für die der Gesetzgeber regelmäßig Haftungsobergrenzen vorsieht. Zum anderen unterscheidet sich ein Ausgleichsanspruch von einem Schadensersatzanspruch gerade darin, dass die Entschädigung, die durch die zu duldende Einwirkung eingetretene Vermögenseinbuße beseitigen soll, während der Schadensersatz der Wiederherstellung des Zustands dient, der ohne das schädigende Ereignis bestünde. Dies führt letztlich auch beim Beseitigungs- und Unterlassungsanspruch aus § 1004 Abs. 1 (analog) dazu, dass man direkt aus § 1004 Abs. 1 (analog) weder Schadensersatz noch Schmerzensgeld verlangen kann, sondern nur über das Deliktsrecht nach § 823 Abs. 1 und Abs. 2.[42]

Somit steht O zwar ein verschuldensunabhängiger Entschädigungsanspruch aus § 906 Abs. 2 S. 2 zu, der aber nicht auf Ersatz von Schmerzensgeld gerichtet ist.

Folglich hat O gegen Z keinen, auf die Zahlung eines angemessenen Schmerzensgeldes gerichteten, nachbarrechtlichen Ausgleichsanspruch aus § 906 Abs. 2 S. 2.

---

42 Palandt/Bassenge § 1004 Rn. 49; Bamberger/Roth-Fritzsche, BeckOK BGB, § 1004 Rn. 57 ff.; Lettl JuS 2005, 871.

Fall 6: Duldungspfl. d. Grdstückseigentümers aufgrund e. nachbarl. Gemeinschaftsverh.

1. Teil

Fall 6: Duldungspflichten des Grundstückseigentümers aufgrund eines nachbarlichen Gemeinschaftsverhältnisses

Der frivole F hat ein Auge auf seine schöne Nachbarin N geworfen. Um die Gewohnheiten der N ausspionieren zu können, lässt er – angeblich zum Schutz vor Einbrechern – Überwachungskameras auf seinem Grundstück installieren. Die Kameras nehmen zwar vornehmlich sein Grundstück, aber eben auch Teilausschnitte des Grundstücks der N auf. N fühlt sich beobachtet und ist nicht gewillt, dem Treiben des F tatenlos zusehen zu müssen.

Kann N von F verlangen, dass er alle Videoaufnahmen, die ihr Grundstück betreffen, künftig unterlässt?

N könnte gegenüber F einen Anspruch auf Unterlassung der Videoaufnahmen aus § 1004 Abs. 1 S. 2 haben.

I. Dann müsste zunächst eine **Rechtsgutbeeinträchtigung** bei der Anspruchstellerin N vorliegen.

Hier kommt eine Eigentumsbeeinträchtigung der N in Betracht.

N ist Eigentümerin des von den Videoaufnahmen betroffenen Grundstücks und müsste demgemäß durch die Videoaufnahmen in ihrem Grundstückseigentum beeinträchtigt sein.

Beeinträchtigung ist jeder dem Inhalt des Eigentums (§ 903) widersprechende Eingriff in die rechtliche oder tatsächliche Herrschaftsmacht des Eigentümers.[43]

Auch wenn es bei Videoaufnahmen primär nicht darum geht, das Eigentum des (rein zufällig betroffenen) Nachbargrundstücks zu beeinträchtigen, sodass auch die Nutzungs- oder Verfügungsbefugnisse, die das Eigentum vermittelt, als solche nicht beeinträchtigt werden,[44] so kann dennoch die persönliche Selbstentfaltung durch die Videoüberwachung gestört werden. Das bedeutet, dass im Fall von Videoaufnahmen mit Blick auf § 903 ein hinreichender Bezug zum Eigentum bei privat genutzten Immobilien hergestellt werden kann und man sich in der durch das Eigentum vermittelten Privatsphäre nicht mehr ungezwungen aufhält, wenn man unter Beobachtung steht („**Überwachungsdruck**").[45] Die Befürchtung, durch vorhandene Überwachungsgeräte überwacht zu werden, stellt demgemäß jedenfalls dann eine Grundstückbeeinträchtigung dar, wenn sie aufgrund konkreter Umstände als nachvollziehbar und verständlich erscheint,[46] etwa im Hinblick auf einen eskalierenden Nachbarstreit.[47]

Ein vertraglicher oder vertragsähnlicher Anspruch kommt nicht in Betracht. Das **nachbarliche Gemeinschaftsverhältnis** impliziert nur Duldungs- bzw. Ausgleichspflichten, aber keine sonstigen Leistungspflichten.

---

43 Zur Reichweite s. BGH RÜ 2013, 425 = NJW 2013, 1809 m. Anm. Schmidt JuS 2013, 939, 940.
44 Vgl. BGH NJW 1971, 1359; BGH NJW 1989, 2251, 2253.
45 BGH NJW 2010, 1533, 1534; Palandt/Bassenge § 1004 Rn. 11; Staudinger/Gursky § 1004 Rn. 78.
46 BGH NJW 2010, 1533, 1534.
47 OLG Köln NJW 2009, 1827.

Im Hinblick auf die Befürchtungen der N und zur Vermeidung eines eskalierenden Nachbarschaftsstreits stellen die Videoaufnahmen eine Beeinträchtigung des Grundstücks der N und damit eine Eigentumsbeeinträchtigung dar. Dafür spricht auch, dass ansonsten die tatsächliche Nutzung des Grundstücks durch N faktisch be- bzw. verhindert würde. Zudem wäre es widersprüchlich, dem Eigentümer durch § 903 einen umfassenden Eigentumsschutz zu eröffnen, um ihn auf der anderen Seite bei zielgerichteten Verletzungen auf andere Rechtsgüter zu verweisen.

Somit stellen die Videoaufnahmen eine Beeinträchtigung des Grundstücks der N und folglich eine Eigentumsbeeinträchtigung dar.

II. Ferner müsste der **Anspruchsgegner F Störer** sein.

Störer ist, auf wen sich die Störung kausal (äquivalent und adäquat) zurückführen lässt.

F nimmt von seinem Grundstück aus mit seinen Überwachungskameras das Grundstück der N in Teilbereichen auf und stellt damit die Videoaufnahmen her. Folglich ist F Handlungsstörer.

III. Ferner dürfte der Anspruch nicht wegen bestehender **Duldungspflichten** der N nach § 1004 Abs. 2 ausgeschlossen sein.

1. Hier könnte nach § 906 eine gesetzlich geregelte Duldungspflicht für N bestehen.

Dann müssten die Videoaufnahmen unwägbare Stoffe oder ähnliche Einwirkungen i.S.v. § 906 darstellen. Unter § 906 fallen ohne Beschränkung auf unwägbare Stoffe grenzüberschreitende Einwirkungen, die in ihrer Ausbreitung weitgehend unkontrollierbar und unbeherrschbar sind.[48] Letztlich muss es sich aber auch bei den ähnlichen Einwirkungen um Grenzüberschreitungen mit gesundheitsschädigender oder sachschädigender Wirkung handeln.[49]

Die Videoaufnahmen des F stellen jedoch weder unwägbare Stoffe i.S.d. § 906 noch Grenzüberschreitungen mit gesundheitsschädigender oder sachschädigender Wirkung und damit auch keine ähnlichen Einwirkungen i.S.d. § 906 dar. Mithin besteht für N keine gesetzlich geregelte Duldungspflicht nach § 906.

2. Andere gesetzliche Regelungen, aus denen sich eine Duldungspflicht für N ergeben könnte, sind nicht ersichtlich.

---

48 BGH NJW 1992, 1389; Palandt/Bassenge § 906 Rn. 6.
49 BGHZ 51, 396, 397 ff.; Palandt/Bassenge § 906 Rn. 6.

3. Jedoch könnte sich für N aus dem sog. **nachbarlichen Gemeinschaftsverhältnis** eine Duldungspflicht ergeben.

Das nachbarliche Gemeinschaftsverhältnis erfordert für den besonderen Bereich des notwendigen Zusammenlebens von Grundstücksnachbarn gegenseitige Rücksichtnahme und führt mitunter durch ein Hinausgehen über die Regelungen des Nachbarrechts zu einem gerechten Ausgleich der widerstreitenden Interessen.

Vorliegend ist der Eingriff des F in die nachbarliche Privatsphäre der N derart massiv und darüber hinaus auch von keinem sachlichen Zweck gedeckt, dass von N eine gesteigerte nachbarliche Rücksichtnahme- und Duldungspflicht nicht gefordert werden kann. Schließlich haben die Videoaufnahmen des F keinerlei Überwachungsintention, sondern dienen lediglich dem Ausspionieren der N.

Mithin ergibt sich auch aus dem **nachbarlichen Gemeinschaftsverhältnis** keine Duldungspflicht der N.

Somit ist der Unterlassungsanspruch nicht gemäß § 1004 Abs. 2 ausgeschlossen.

IV. Aufgrund der Wiederholungsgefahr, die hier wegen der bereits erfolgten Videoüberwachung zu vermuten ist und an deren Widerlegung durch den Störer ohnehin hohe Anforderungen zu stellen sind,[51] besteht folglich ein Unterlassungsanspruch von N gegenüber F aus § 1004 Abs. 1 S. 2.

Merke:

Das nachbarliche Gemeinschaftsverhältnis (Ausprägung von § 242) stellt eine subsidiäre Duldungspflicht dar, die dann eingreift, wenn die im BGB geregelten Tatbestände des Nachbarrechts (z.B. § 906, § 917) nicht einschlägig sind.

Merke:

Trotz des Wortlauts („weitere") genügt auch eine erstmals drohende Beeinträchtigung für § 1004 Abs. 1 S. 2 (sog. **vorbeugender Unterlassungsanspruch**).[50]

---

50 Schreiber Jura 2013, 111, 117.
51 Vgl. BGHZ 140, 1, 10 f.; BGH NJW 2004, 1035.

Fall 7: Die Übereignung eines Grundstücks durch den verfügungsbefugten Eigentümer (Grundfall)

Als junger Bursche entdeckte W seine Leidenschaft für ausgedehnte Wanderungen im alpinen Hochgebirge Bayerns. Um sein Hobby pflegen zu können, erwarb er nahe einer zentralen Wanderroute ein kleines Grundstück, auf dem er eine Schutzhütte errichtete. Später sah sich W jedoch gezwungen, die von ihm kaum noch genutzte und heruntergekommene Schutzhütte an Y zu vermieten, der für deren Unterhaltung und die Instandhaltung sorgte und dafür nur eine geringe Miete an W entrichtete. Noch vor Ablauf der Mietzeit verkaufte und übereignete W formgerecht das Grundstück an X, der ebenfalls begeisterter Wanderer ist und sich die Schutzhütte nun schön herrichten will.

Nachdem X im Grundbuch als neuer Eigentümer eingetragen worden ist, verlangt er von Y das Grundstück heraus. Zu Recht?

X könnte gegenüber Y einen Anspruch auf Herausgabe des Grundstücks aus §§ 985, (986) haben.

I. Dazu müsste zunächst X als Anspruchsteller gemäß § 985 **Eigentümer** des Grundstücks sein.

1. Ursprünglich war W Eigentümer des von ihm erworbenen Grundstücks.

2. W könnte sein Eigentum jedoch gemäß §§ 873 Abs. 1, 925 durch Übereignung des Grundstücks an X verloren haben.

a) W hat das Grundstück formgerecht an X übereignet und sich somit wirksam mit ihm i.S.d. § 873 Abs. 1 unter Wahrung der Formvorschrift des § 925 (Auflassung) geeinigt.

b) Ferner ist X als neuer Eigentümer im Grundbuch nach § 873 Abs. 1 **eingetragen** worden.

c) Darüber hinaus müssten sich beide im Zeitpunkt des Vollrechtserwerbs auch noch darüber **einig gewesen sein**, dass sich der Eigentumswechsel am Grundstück von W auf X vollzieht. Im Zeitpunkt der Eintragung, der für den Vollrechtserwerb i.S.d. § 873 Abs. 1 grundsätzlich maßgeblich ist, waren sich W und X über den Eigentumswechsel einig.

d) Ferner müsste W im Zeitpunkt der Eintragung zur Eigentumsübertragung auf X **berechtigt** gewesen sein.
Berechtigt ist der wahre Rechtsinhaber, also der verfügungsbefugte Eigentümer oder der verfügungsbefugte Nichteigentümer, der vom wahren Rechtsinhaber zur Verfügung gemäß § 185 Abs. 1 ermächtigt oder aber gesetzlich verfügungsbefugt ist.[52]

Zur Eigentumsübertragung auf X war W als verfügungsbefugter Grundstückseigentümer vollumfänglich berechtigt; es lagen keinerlei Verfügungsbeschränkungen vor.

---

[52] BGH NJW 2004, 365; Palandt/Bassenge § 873 Rn. 11; Habersack Ex-Rep Sachenrecht Rn. 140, 143.

Folglich hat W sein Eigentum am Grundstück gemäß §§ 873 Abs. 1, 925 an den neuen Eigentümer X verloren.

II. Ferner müsste Y als Anspruchsgegner gemäß § 985 **Besitzer** des Grundstücks sein.

Besitzer einer Sache ist gemäß § 854 Abs. 1, wer die tatsächliche Sachherrschaft über die Sache ausübt. Das ist bei einer unbeweglichen Sache, wie einem Grundstück, jedenfalls dann der Fall, wenn es tatsächlich in Besitz genommen worden ist. Notwendig ist insofern eine gewisse Dauer und Festigkeit der Beziehung zur Sache.[53]

Indem Y die auf dem Grundstück errichtete Schutzhütte schon seit längerem bewohnt, übt er die tatsächliche Sachherrschaft über das Grundstück aus und ist somit Besitzer des Grundstücks.

III. Des Weiteren dürfte der Anspruchsgegner Y **kein Recht zum Besitz** des Grundstücks gemäß § 986 haben.

Y könnte ein Recht zum Besitz des Grundstücks gemäß § 986 Abs. 1 S. 1 Var. 1 haben. In Betracht kommt insoweit ein eigenes obligatorisches Recht zum Besitz des Y aus dem mit W geschlossenen Mietvertrag nach § 535. Obligatorische Rechte zum Besitz, die auf vertraglichen oder gesetzlichen schuldrechtlichen Beziehungen zum Eigentümer beruhen, wirken jedoch nur relativ, also zwischen den Parteien des Vertrages (*inter partes*). Fraglich ist, ob der von W und Y geschlossene Mietvertrag, der Y gegenüber dem ehemaligen Eigentümer W ein Recht zum Besitz des Grundstücks gibt, den Y auch gegenüber dem neuen Eigentümer X zum Besitz berechtigt.

Nach § 566 Abs. 1 tritt der Erwerber, der den an den Mieter vermieteten und überlassenen Mietraum vom Vermieter erwirbt, anstelle des Vermieters in die sich während der Dauer seines Eigentums aus dem Mietverhältnis ergebenden Rechte und Pflichten ein. Das bedeutet u.a., dass alle gesetzlichen und vertraglichen Pflichten des Vermieters, die nach dem Eigentumswechsel fällig geworden sind, auf den Erwerber übergehen.[54] Dies gilt daher auch für das sich aus dem ursprünglichen Mietvertrag ergebende Recht zum Besitz.[55]

Mit Eigentumserwerb am vermieteten Grundstück ist demzufolge X nunmehr Vermieter des Y geworden; er ist anstelle des W in den Mietvertrag mit Y eingetreten. Somit kann Y dem X ein eigenes obligatorisches Recht zum Besitz aus dem Mietvertrag gemäß § 535 entgegenhalten.

IV. Folglich hat Y gemäß § 986 Abs. 1 S. 1 Var. 1 ein Recht zum Besitz des Grundstücks, sodass X gegenüber Y keinen Anspruch auf Herausgabe des Grundstücks aus §§ 985, (986) hat.

> Unbewegliche Sachen i.S.d. § 90 sind Grundstücke und diesen rechtlich gleichgestellte Rechte, z.B. Erbbaurecht, Wohnungseigentum, etc.

> **Beachte:** Kauf bricht nicht Miete (§ 566)!

---

53 OLG München NJW 1970, 667; Baur/Stürner Sachenrecht § 7 Rn. 5 ff.
54 BGH NJW 2005, 1187.
55 Vgl. Palandt/Bassenge § 986 Rn. 4.

Fall 8:   Die Übereignung eines Grundstücks durch den verfügungsbefugten Eigentümer (Stellvertretung)

Im Januar 2016 zog E mit seiner Familie in ein Eigenheim am Rande eines Neubaugebietes. Die Freude des E verflog jedoch schlagartig, als er seine Frau mit dem Nachbarn N im hauseigenen Whirlpool „in flagranti" erwischte. Da E nicht in einem „Freudenhaus" leben wollte, bemühte er sich darum das Haus wieder los zu werden und bot es dem N zum Kauf an. Schnell waren sich beide einig. Um jegliche Konfrontation zu vermeiden und einander nie wieder gegenübertreten zu müssen, ließen sich E (durch die Rechtsanwalts- und Notargehilfin X) und N (durch den Bürovorsteher B) kraft notariell beurkundeter, unwiderruflicher Vollmacht sowohl bei der notariellen Beurkundung des Kaufvertrages als auch bei der Abgabe der jeweiligen Auflassungserklärung vor dem mit der Sache betrauten Notar vertreten.

Kurz nachdem N im März 2016 als neuer Eigentümer im Grundbuch eingetragen war, bereute E jedoch seine vorschnelle Entscheidung. Er suchte seinen Rechtsanwalt auf, der ihn dahingehend beriet, das Grundstück samt Haus von N zurückzufordern. Schließlich hätte E als Eigentümer das Grundstück selbst an N auflassen müssen und darüber hinaus genüge ein einfacher Handschlag ohnehin nicht.

Zu Recht?

A. §§ 985, (986)

E könnte gegenüber N einen Anspruch auf Herausgabe des Grundstücks und des Hauses aus §§ 985, (986) haben.

I. Dazu müsste E gemäß § 985 als Anspruchsteller zunächst **Eigentümer** des Grundstücks sein.

Ursprünglich war E Eigentümer des von ihm erworbenen Grundstücks am Rande des Neubaugebietes.

E könnte sein Eigentum jedoch gemäß §§ 873 Abs. 1, 925 durch Übereignung des Grundstücks an N verloren haben.

1. Das setzt zunächst eine wirksame Einigung über die Übertragung des Eigentums am Grundstück gemäß **§ 873 Abs. 1 in der Form des § 925 (Auflassung)** voraus.

Die dingliche Einigung über den Eigentumsübergang i.S.d. § 873 Abs. 1 ist ein dinglicher Vertrag, der durch **Angebot** und **Annahme** zustande kommt.

a) E und N haben sich nicht direkt über den Eigentumsübergang gemäß § 873 Abs. 1 geeinigt, sondern X und B haben dies durch Abgabe der mit Bezug aufeinander abgegebenen Auflassungserklärung getan. Die im Rahmen dieser Einigung von X und B abgegebenen empfangsbedürftigen Willenserklärungen, also Angebot und Annahme, könnten jedoch jeweils gemäß § 164 Abs. 1 S. 1 für und gegen E und N wirken, wenn E (von X) und N (von B) wirksam vertreten worden sind.

aa) Dazu müssten sowohl X (für E) und als auch B (für N) **eigene Willenserklärungen** zur Auflassung des Grundstücks abgegeben haben.

X und B sind bei Abgabe der Willenserklärungen - in Form von Angebot und Annahme zur Grundstückübereignung - vor dem mit der Sache betrauten Notar nicht als Boten, sondern als Stellvertreter mit eigenem Beurteilungs- und Formulierungsspielraum, aufgetreten. Mithin haben sie eigene Willenserklärungen (Auflassungserklärungen) abgegeben.

bb) Ferner müssten X und B **in fremdem Namen** gehandelt haben.

Indem X im Namen des E und B im Namen des N handelte, ist dies vorliegend der Fall.

cc) Des Weiteren müssten X und B **mit Vertretungsmacht** für ihre Geschäftsherren gehandelt haben.

Sowohl X (für E), als auch B (für N) handelten innerhalb der ihnen eingeräumten rechtsgeschäftlichen Vertretungsmacht (Vollmacht, § 166 Abs. 2 S. 1), die ihnen unwiderruflich durch notarielle Beurkundung erteilt wurde.

Die Vollmachten könnten jedoch nach § 125 S. 1 unwirksam sein.

Zwar bedarf die Vollmacht grundsätzlich nach § 167 Abs. 2 nicht der Form, welche für die Auflassung bestimmt ist. Aber wegen der Möglichkeit zur Änderung der dinglichen Rechtslage ist die Auflassungsvollmacht besonders gefährlich, sodass sie eventuell ausnahmsweise die Anforderungen des § 311 b Abs. 1 S. 1 erfüllen muss. Unmittelbar ist diese Norm jedoch nicht anwendbar; die Vollmacht zur Auflassungserklärung bezieht sich nicht auf den schuldrechtlichen Vertrag i.S.d. § 311 b Abs. 1 S. 1. Eine entsprechende Anwendung des § 311 b Abs. 1 S. 1 und zugleich eine teleologische Reduktion des § 167 Abs. 2 ist jedoch möglich, wenn eine planwidrige Regelungslücke und eine vergleichbare Interessenlage vorliegen. Der Gesetzgeber hat die besonderen Gefahren, die sich aus einer unwiderruflichen Vollmacht im Grundstücksverkehr ergeben, nicht beachtet. Der Übereilungsschutz, den die Formvorschriften gewähren sollen, ist gerade auch bei Stellvertretung geboten, wenn der Vollmachtgeber seine Vollmacht nicht frei widerrufen kann. Dies gilt auch nicht nur für das schuldrechtliche Verpflichtungsgeschäft, sondern erst recht für die Auflassungsvormerkung, da diese aufgrund ihrer Möglichkeit zur Änderung der dinglichen Rechtslage besonders gefährlich ist.[56] Die Auflassungsvollmacht muss somit ausnahmsweise die Anforderungen des § 311 b Abs. 1 S. 1 erfüllen.

Hier erfüllen die von E und N erteilten Vollmachten jedoch auch die Formvorschrift des § 311 b Abs. 1 S. 1.

Mithin wirken die von X und B im Rahmen der Einigung nach § 873 Abs. 1 mit Bezug aufeinander abgegebenen Willenserklärungen, also Angebot und Annahme, jeweils gemäß § 164 Abs. 1 S. 1 für und gegen E und N, sodass E und N wirksam vertreten worden sind.

Folglich haben sich E und N gemäß § 873 Abs. 1 geeinigt.

Die unwiderrufliche Vollmacht ist jedoch formfrei, wenn sie zur Ausführung eines bereits formwirksam geschlossenen Vertrages erteilt wird.

---

56 Palandt/Grüneberg § 311 b Rn. 22.

b) Ferner müsste die Einigung auch **wirksam** sein.

Als Nichtigkeitsgrund kommt (mit Blick auf das Vorbringen des Rechtsanwaltes) Formnichtigkeit gemäß § 125 S. 1 i.V.m. § 925 in Betracht.

aa) Dann müsste zunächst ein gesetzliches **Formerfordernis nach § 125 S. 1 bestehen**.

Die zur Übertragung des Eigentums an einem Grundstück nach § 873 erforderliche Einigung des Veräußerers und des Erwerbers (Auflassung) muss nach § 925 S. 1 bei gleichzeitiger Anwesenheit beider Teile vor einer zuständigen Stelle erklärt werden.

Somit besteht gemäß § 925 ein gesetzliches Formerfordernis.

Beachte:
Nach § 925 Abs. 1 S. 1 muss die Auflassung nur bei gleichzeitiger Anwesenheit beider Teile vor einer zuständigen Stelle erklärt werden, d.h. „Hände schütteln" reicht aus.

bb) Ferner dürfte das gesetzlich vorgeschriebene Formerfordernis nicht eingehalten worden sein.

Für eine Erklärung i.S.d. § 925 genügt jedes Erklärungsmittel, das die Einigung unmissverständlich ausdrückt, also jede Form der Willenserklärung.[57] Die Erklärung muss bei gleichzeitiger Anwesenheit von Veräußerer und Erwerber erfolgen, wobei hierfür nicht der Aufenthalt im gleichen Raum notwendig ist und auf beiden Seiten auch ein Vertreter eingeschaltet werden kann.[58]

Beachte:
Soweit das Gesetz „gleichzeitige Anwesenheit" vorschreibt, ist Stellvertretung möglich. Diese wird nur ausgeschlossen, soweit ein Geschäft „(höchst-)persönlich" abzuschließen ist.

Indem X und B als Vertreter des E und des N vor dem Notar, der gemäß § 925 S. 2 zur Entgegennahme der Auflassung zuständig ist, die Auflassung erklärten, haben sie zum Ausdruck gebracht, dass man sich über die Übertragung des Eigentums von E auf N geeinigt hat.

Folglich ist die Auflassung formgerecht und damit unter Wahrung des gesetzlich vorgeschriebenen Formerfordernisses des § 925 erfolgt.

Mithin ist die Einigung von E und N auch wirksam.

2. Des Weiteren ist N auch im März 2012 als neuer Eigentümer **im Grundbuch** gemäß § 873 Abs. 1 **eingetragen** worden.

3. Zudem waren sich N und E mangels entgegenstehender Anhaltspunkte gemäß § 873 Abs. 1 **im Zeitpunkt der Eintragung des N** auch noch darüber einig, dass sich der Eigentumsübergang am Hausgrundstück von E auf N vollziehen soll.

4. Ferner war E als verfügungsbefugter Grundstückseigentümer im Zeitpunkt der Eintragung auch zur Eigentumsübertragung an N **berechtigt**.

Somit hat E sein Eigentum gemäß §§ 873 Abs. 1, 925 an N verloren.

II. Mangels Eigentümerstellung hat E keinen Anspruch auf Herausgabe des Grundstücks und des Hauses aus §§ 985, (986).

---

57 BGHZ 22, 312, 315; Staudinger/Pfeifer § 925 Rn. 86.
58 Palandt/Bassenge § 925 Rn. 4 f.; Habersack Ex-Rep Sachenrecht Rn. 289.

B. § 812 Abs. 1 S. 1 Var. 1

Ein Herausgabeanspruch könnte sich aber aus § 812 Abs. 1 S. 1 Var. 1 ergeben. Dazu müsste N etwas durch Leistung des E ohne Rechtsgrund erlangt haben.

Als Rechtsgrund für den Eigentums- und Besitzerwerb des N kommt hier jedoch ein Kaufvertrag (§ 433) in Betracht. X und B gaben (gemäß § 164 Abs. 1 S. 1) mit Wirkung für und gegen E und N auch entsprechende Willenserklärungen auf Abschluss eines Kaufvertrages ab. Die von E und N erteilten Vollmachten sind, selbst wenn sie entgegen § 167 Abs. 2 die Anforderungen des § 311 b Abs. 1 S. 1 erfüllen müssen (s. dazu oben), nicht nach § 125 S. 1 unwirksam, da die Vollmachten die Voraussetzungen des § 311 b Abs. 1 S. 1 erfüllen (s.o.). Auch wurde der Kaufvertrag selbst i.S.d. § 311 b Abs. 1 S. 1 notariell beurkundet, sodass er nicht nach § 125 S. 1 unwirksam ist. Es besteht somit ein Rechtsgrund für den Eigentums- und Besitzerwerb.

E hat keinen Anspruch gegen N auf Herausgabe des Grundstücks aus § 812 Abs. 1 S. 1 Var. 1.

> **Fall 9:   Die Übereignung eines Grundstücks durch den verfügungsbefugten Eigentümer bei widerruflicher Generalvollmacht**
>
> Großgrundbesitzer G ist die zeitintensive Verwaltung seiner Ländereien leid und will sich endlich mehr um seine Familie kümmern. Zu diesem Zweck stellt er den Verwalter V ein und überträgt ihm widerruflich Generalvollmacht mit der Auflage, einen monatlichen Bericht über die Vorgänge rund um seinen Grundbesitz zu erstellen.
>
> Da V mit der Zeit den Überblick über die ihm anvertrauten Aufgaben verliert, verkauft er unter Vorlage der Generalvollmacht formgerecht ein etwa 500 m^2 großes Grundstück an den A. Bereits kurz nach der Auflassung wird A als neuer Eigentümer im Grundbuch eingetragen.
>
> Als G davon durch den monatlichen Bericht erfährt, ist er schockiert und widerruft die Vollmacht des V. Dann ficht er sämtliche von V im Rahmen des Grundstücksgeschäftes mit A abgegebenen Willenserklärungen mit der Begründung an, dass er sich über die Bedeutung und Tragweite der erteilten Generalvollmacht geirrt habe.
>
> Kurz darauf verlangt G von A Zustimmung zur Berichtigung des Grundbuchs. Zu Recht?

G könnte gegenüber A einen Anspruch auf Zustimmung zur Berichtigung des Grundbuchs aus **§ 894** haben.

I. Dann müsste zunächst das **Grundbuch unrichtig** sein.

Das ist der Fall, wenn die formelle Grundbuchlage mit der materiellen Grundbuchlage nicht übereinstimmt.[59]

1. Unter der **formellen Grundbuchlage** versteht man den im Grundbuch ersichtlichen Grundbuchinhalt, also das „was im Grundbuch steht".

Die formelle Grundbuchlage weist A nach seiner Eintragung als neuen Eigentümer des 500 m^2 großen Grundstücks aus.

2. Hinsichtlich der **materiellen Grundbuchlage** ist fraglich, ob A das Eigentum am Grundstück des G gemäß §§ 873 Abs. 1, 925 erworben hat.

a) Dann müsste G das Grundstück zunächst wirksam an A gemäß §§ 873 Abs. 1, 925 aufgelassen haben.

Zwar haben sich formgerecht nach §§ 873 Abs. 1, 925 nicht direkt G und A, sondern V und A, geeinigt. Aber die von V im Rahmen der Einigung mit A abgegebene Willenserklärung wirkt gemäß § 164 Abs. 1 S. 1 für und gegen G, wenn V den G wirksam vertreten hat.

aa) Eine dazu erforderliche eigene Willenserklärung des V liegt vor.

bb) Diese gab er auch mangels entgegenstehender Angaben im Namen des G ab.

---

59 Palandt/Bassenge § 894 Rn. 2; Habersack Ex-Rep Sachenrecht Rn. 326.

cc) V müsste ferner mit Vertretungsmacht gehandelt haben. Hier kommt eine rechtsgeschäftliche Vertretungsmacht i.S.d. § 166 Abs. 2 S. 1 in Form der Generalvollmacht in Betracht. Eine solche hat G erteilt.

(1) Diese Vollmachterteilung ist jedoch nach § 142 Abs. 1 ex tunc nichtig, wenn G dieses Rechtsgeschäft wirksam angefochten hat.

Dazu müsste es sich gemäß § 142 Abs. 1 zunächst um ein anfechtbares Rechtsgeschäft handeln. Als Willenserklärung ist die Vollmachterteilung grundsätzlich anfechtbar. Ob sich bei der bereits eingesetzten Innenvollmacht aus Verkehrsschutzgesichtspunkten etwas anderes ergibt, kann letztlich dahinstehen, wenn die Anfechtung aus anderen Gründen nicht durchgreift.

G müsste insbesondere einen Anfechtungsgrund gehabt haben. In Betracht kommt ein Inhaltsirrtum i.S.d. § 119 Abs. 1, Var. 1 (Inhaltsirrtum). Ein solcher kommt in Betracht, wenn der Erklärende sich überhaupt nicht der Rechtsfolgen seiner Erklärung bewusst war. Es ist jedoch nicht jeder Rechtsirrtum beachtlich. Nur der Irrtum über die unmittelbare Rechtsfolge der Erklärung kann beachtlicher „Inhalt" der Erklärung sein.[60] Weitere Fernwirkungen sind bloße Motive der Erklärung, sodass insoweit ein Motivirrtum nicht zur Anfechtung berechtigt. Das bedeutet hier, dass G die Vollmacht nur wegen beachtlichen Rechtsirrtums anfechten kann, wenn er sich nicht bewusst war, dass V ihn mit der Generalvollmacht bei mehreren Rechtsgeschäften (die nicht einzeln bestimmt waren) vertreten kann. Dass dies der Fall ist, macht selbst G nicht deutlich. Er hat sich allenfalls keine Gedanken darüber gemacht, dass V auch dieses bestimmte Grundstück verkaufen würde. Dies betrifft jedoch nicht die unmittelbare Rechtswirkung seiner Erklärung.

G erlag somit – wenn überhaupt – einem unbeachtlichen Motivirrtum.

(2) Die Vollmachterteilung könnte jedoch nach § 125 S. 1 formnichtig sein.

Dazu müsste die Erklärung zunächst formbedürftig sein. Im Hinblick auf das spätere Grundstücksgeschäft könnte hier die Form des § 311 b Abs. 1 S. 1 (analog) zu wahren sein. Nach § 167 Abs. 2 bedarf die Vollmacht jedoch nicht der Form des Rechtsgeschäfts. Eine Ausnahme hiervon und eine analoge Anwendung des § 311 b Abs. 1 S. 1 (s. hierzu Fall 8) kommt aufgrund der besonderen Schutzbedürftigkeit des Vollmachtgebers allenfalls bei der unwiderruflichen Vollmacht in Betracht. Demnach war die Vollmachterteilung hier nicht formbedürftig.

Die Vollmacht war somit wirksam. V hat G i.S.d. § 164 Abs. 1 S. 1 wirksam vertreten.

Mithin hat G das Grundstück wirksam an A gemäß §§ 873 Abs. 1, 925 aufgelassen.

b) Des Weiteren müsste A gemäß § 873 Abs. 1 als neuer Eigentümer im Grundbuch **eingetragen** worden sein. Das ist vorliegend der Fall.

---

60   Vgl. MünchKomm/Armbrüster § 119 Rn. 81, 84.

c) Ferner müssten sich G und A auch noch im Zeitpunkt des Vollrechtserwerbes, also gemäß § 873 Abs. 1 grundsätzlich im Zeitpunkt der Eintragung des A, darüber **einig gewesen sein**, dass das Eigentum am Grundstück von G auf A wechseln soll.

Zum Zeitpunkt der Eintragung des A waren sich zwar nur V und A einig über den Eigentumswechsel am Grundstück. Aber aufgrund der in diesem Zeitpunkt noch wirksam bestehenden Generalvollmacht des V ist G von V wirksam vertreten worden, sodass sich letztlich auch G und A darüber einig waren, dass das Eigentum am Grundstück von G auf A wechseln soll.

Beachte:
Bei Stellvertretergeschäften muss die Berechtigung des Geschäftsherrn und nicht etwa die des Geschäftsführers (Stellvertreters) vorliegen.

d) Zudem müsste G im Zeitpunkt der Eintragung des A auch zur Eigentumsübertragung am Grundstück **berechtigt** gewesen sein.

Berechtigt ist der wahre Rechtsinhaber, also der **verfügungsbefugte Eigentümer** oder der **verfügungsbefugte Nichteigentümer,** der vom wahren Rechtsinhaber zur Verfügung gemäß § 185 Abs. 1 ermächtigt oder aber gesetzlich verfügungsbefugt ist.[61]

Als verfügungsbefugter Eigentümer des Grundstücks war G hier zur Eigentumsübertragung berechtigt.

Somit hat A das Eigentum am Grundstück von G gemäß §§ 873 Abs. 1, 925 wirksam erworben.

II. Folglich stimmt die formelle mit der materiellen Grundbuchlage überein, sodass das Grundbuch richtig ist.

Mithin hat G gegenüber A keinen Anspruch auf Zustimmung zur Berichtigung des Grundbuchs aus § 894.

---

61 BGH NJW 2004, 365; Palandt/Bassenge § 873 Rn. 11; Habersack Ex-Rep Sachenrecht Rn. 140, 143.

Fall 10: Die Übereignung eines Grundstücks durch den nicht verfügungsbefugten (insolventen) Eigentümer

Nach der Trennung von seiner Frau vermag der Elektriker E die Kosten der Baufinanzierung für ein auf seinem Grundstück befindliches Einfamilienhaus nicht mehr zu bewältigen. Da er das Haus allein nicht halten kann und weil er erkannt hat, dass es sich in dem Bulli seines Elektrofachgeschäftes auch gut schlafen lässt, verkauft er mittels notariellem Kaufvertrag das Grundstück an K.

Kurz nach der Einigung von E und K über den Eigentumsübergang am Grundstück, die bei gleichzeitiger Anwesenheit beider Teile vor einem Notar stattfand, jedoch nicht notariell beurkundet wurde, aber noch vor Eintragung des K als neuem Eigentümer in das Grundbuch verschlechtert sich die finanzielle Lage des E dramatisch. Schließlich wird über sein Vermögen das Insolvenzverfahren eröffnet. Nach Prüfung der Vermögenslage des E durch den zuständigen Insolvenzverwalter I meldet dieser sich bei K und macht deutlich, dass er die Grundstücksgeschäfte des E missbilligt. Zudem veranlasst I umgehend die Eintragung eines Widerspruchs im Grundbuch. Kurz darauf erfolgt auf Antrag des E gleichwohl die Eintragung des K als Eigentümer. K möchte nun das Grundstück so schnell wie möglich in Besitz nehmen und verlangt es von I heraus.

Zu Recht?

K könnte gegenüber I einen Anspruch auf Herausgabe des Grundstücks aus § 47 InsO i.V.m. §§ 985, (986) haben.

I. Dazu müsste K als Anspruchsteller gemäß § 47 InsO i.V.m. § 985 zunächst **Eigentümer** des Grundstücks sein.

K könnte das Eigentum am Grundstück von E gemäß §§ 873 Abs. 1, 925 erworben haben.

1. Dazu müssten sich K und E zunächst gemäß §§ 873 Abs. 1, 925 wirksam über den Eigentumsübergang **geeinigt** haben.

E einigte sich mit K über den Eigentumsübergang am Grundstück, indem er es an K aufließ. Die Auflassung erfolgte formgerecht, sodass insbesondere keine Nichtigkeit nach § 125 S. 1 i.V.m. § 925 vorliegt.

Mithin haben sich K und E wirksam über den Eigentumsübergang am Grundstück geeinigt.

2. Zudem ist K auch nach § 873 Abs. 1 als neuer Eigentümer des Grundstücks im Grundbuch **eingetragen** worden.

3. Ferner waren sich E und K gemäß § 873 Abs. 1 **im Zeitpunkt der Eintragung** auch noch **einig** darüber, dass das Eigentum am Grundstück von E auf K wechseln soll.

4. Des Weiteren müsste E im Zeitpunkt der Eintragung auch zur Eigentumsübertragung **berechtigt** gewesen sein.

Um einen Gegenstand herauszuverlangen, der nicht zur Insolvenzmasse gehört, bedarf es gemäß § 47 InsO eines **Aussonderungsrechts** (z.B. Eigentum).

Berechtigt ist der wahre Rechtsinhaber, also der **verfügungsbefugte Eigentümer** oder der **verfügungsbefugte Nichteigentümer,** der vom wahren Rechtsinhaber zur Verfügung gemäß § 185 Abs. 1 ermächtigt oder aber gesetzlich verfügungsbefugt ist.[62]

Im Zeitpunkt der Auflassung an K war E noch wahrer Rechtsinhaber und damit verfügungsbefugter Eigentümer des Grundstücks. Kurz darauf verlor er jedoch durch die Eröffnung des Insolvenzverfahrens gemäß § 80 Abs. 1 InsO seine Verfügungsbefugnis und war daher im für den Vollrechtserwerb maßgeblichen Zeitpunkt der Eintragung (*vgl. Fall 1*) nicht mehr verfügungsbefugter Eigentümer.

Die **Verfügungsbefugnis** fehlt dem Eigentümer in den Fällen der §§ 135 f.; 161 Abs. 1, Abs. 2; 1369 Abs. 1; 1984, 2113 ff., 2205, 2211 und § 80 f. InsO.

Das bedeutet, dass E zwar trotz der Eröffnung des Insolvenzverfahrens noch Eigentümer des Grundstücks ist, aber seine Befugnis, über das nunmehr zur Insolvenzmasse gehörende Vermögen zu verfügen, gemäß § 80 Abs. 1 InsO auf den Insolvenzverwalter I übergegangen ist.

Ferner missbilligt I gegenüber K das Grundstücksgeschäft des E, sodass auch eine Ermächtigung durch I zur Verfügung nach § 185 Abs. 1 nicht in Betracht kommt.

Für eine derartige Ermächtigung zur wirksamen Verfügung über ein fremdes Recht im eigenen Namen gelten die §§ 182, 183. Eine nachträgliche Zustimmung (= Genehmigung, § 184) ist daher gemäß § 185 Abs. 2 ohnehin unzulässig. Zwar kann eine vorherige Zustimmung (= Einwilligung, § 183) nach § 182 auch konkludent erfolgen und setzt lediglich voraus, dass der Einwilligungsberechtigte von der Einwilligungsbedürftigkeit des Rechtsgeschäfts wusste oder mit ihr rechnete. Mithin ist sie auch dann anzunehmen, wenn der Einwilligungsberechtigte das Rechtsgeschäft als gültig behandelt.[63] Aber zum einen ist eine Einwilligung des I schon zeitlich gesehen nicht mehr möglich und zum anderen macht I ganz deutlich, dass er das Grundstücksgeschäft des E nicht zu tolerieren gedenkt. Somit behandelt I das Rechtsgeschäft gerade nicht als gültig, sondern vielmehr als ungültig.

Demnach fehlt es hier sowohl an einer wirksamen Einwilligung wie auch an einer wirksamen Genehmigung des I.

Folglich ist E nicht verfügungsbefugter Eigentümer und damit zur Eigentumsübertragung des Grundstücks nicht berechtigt.

5. Die fehlende Verfügungsbefugnis des E kann auch **nicht gemäß § 91 Abs. 2 InsO i.V.m. § 878 überwunden** werden.

Zwar war E im Zeitpunkt der Abgabe der Verfügungserklärung, also der Auflassungserklärung, noch Berechtigter, da zu diesem Zeitpunkt das Insolvenzverfahren über sein Vermögen ja noch nicht eröffnet war. Mangels Bindungswirkung der Auflassungserklärungen i.S.d. § 873 Abs. 2 und mangels Antragsstellung, gerichtet auf die Eintragung des K als neuem Grundstückseigentümer beim Grundbuchamt, liegen letztlich die Voraussetzungen von § 91 Abs. 2 InsO i.V.m. § 878 aber nicht vor (*vgl. dazu Fall 14*).

62　BGH NJW 2004, 365; Palandt/Bassenge § 873 Rn. 11; Habersack Ex-Rep Sachenrecht Rn. 140, 143.
63　BGH WM 1990, 1573, 1575; Palandt/Ellenberger § 182 Rn. 3.

6. Auch ein gutgläubiger, lastenfreier Erwerb des K vom Nichtberechtigten E kommt im vorliegenden Fall nicht in Betracht.

Die tatsächlich bestehende, relative Verfügungsbeschränkung des E aus § 81 Abs. 1 InsO, bei der gemäß § 81 Abs. 1 S. 2 InsO i.V.m. § 892 Abs. 1 S. 2 ein gutgläubiger Erwerb möglich ist, ist nicht im Grundbuch eingetragen. Damit ist das Grundbuch unrichtig. Deshalb hat I gemäß § 899 einen Widerspruch gegen die Richtigkeit des Grundbuchs eintragen lassen. Dieser Widerspruch verhindert den gutgläubigen Erwerb nach § 892.[64]

II. Folglich hat K das Eigentum am Grundstück weder vom Berechtigten nach §§ 873 Abs. 1, 925 noch vom Nichtberechtigten nach § 892 erworben. Somit hat K gegenüber I keinen Anspruch auf Herausgabe des Grundstücks aus § 47 InsO i.V.m. §§ 985, (986).

Der Erwerb des Grundeigentums vom Nichtberechtigten wird im Einzelnen im 3. Teil behandelt (*vgl. Fall 16 ff.*). Daher wird hier ausnahmsweise nicht gutachterlich geprüft.

---

64 Palandt/Bassenge § 899 Rn. 5; Schreiber Jura 2005, 241, 243.

> **Fall 11: falsa demonstratio beim Grundstückserwerb**
>
> Der Architekt A plant mehrere nebeneinander liegende Grundstücke von verschiedenen Bauern zu erwerben, um diese mit Reihenhäusern zu bebauen und anschließend mit Gewinn weiterzuverkaufen. Zu diesem Zweck einigt er sich – zunächst mündlich – mit Bauer B über den Kauf eines Grundstücks zum Preis von 80.000 €, das im Grundbuch wie folgt bezeichnet ist: „Gemarkung H, Flur 15, Flurstück 399".
>
> Beim späteren Notartermin verwechseln A und B die Ziffern der Flurstücke und geben das ebenfalls dem B gehörende Grundstück „Gemarkung H, Flur 15, Flurstück 939" als Kaufgegenstand an. Der Kaufvertrag und die Auflassung erfolgen im Übrigen formgerecht. Einige Zeit später wird A als Eigentümer des Grundstücks mit der Flurstücknummer 939 im Grundbuch eingetragen. Erst danach bemerken die beiden die Verwechslung.
>
> Kann B von A Zahlung des Kaufpreises in Höhe von 80.000 € verlangen, wenn A einwendet, er wolle aber auch das richtige Grundstück übereignet bekommen?

B könnte gegenüber A einen Anspruch auf Zahlung des Kaufpreises i.H.v. 80.000 € aus § 433 Abs. 2 haben.

I. Dazu müssten A und B einen Kaufvertrag nach § 433 geschlossen haben, indem sich beide entsprechend der §§ 145ff. **geeinigt** haben.

1. Eine entsprechende Einigung könnte hier in der mündlichen Abrede zu sehen sein.

A und B haben sich über den Kauf eines Grundstücks zum Preis von 80.000 € geeinigt, das im Grundbuch mit „Gemarkung H, Flur 15, Flurstück 399" bezeichnet ist. Dementsprechend liegt eine Einigung in Bezug auf das Flurstück 399 vor.

Folglich haben A und B einen Kaufvertrag über das Grundstück mit der Flurnummer 399 gemäß § 433 geschlossen.

Für den Grundstückskaufvertrag (= Verpflichtungsgeschäft) besteht gemäß § 311 b Abs. 1, für die Auflassung (= Verfügungsgeschäft) gemäß § 925 (vgl. Fall 8) ein Formerfordernis.

2. Die Einigung durch die mündliche Abrede von A und B müsste auch **wirksam** sein.

Vorliegend könnte sie gemäß § 125 S. 1 i.V.m. § 311 b Abs. 1 S. 1 nichtig sein.

a) Dann müsste ein gesetzliches Formerfordernis nach § 125 S. 1 bestehen. Nach § 311 b Abs. 1 S. 1 bedarf ein Grundstückskaufvertrag, durch den sich der eine Teil verpflichtet, das Eigentum an einem Grundstück zu übertragen oder zu erwerben, der notariellen Beurkundung, sodass ein gesetzliches Formerfordernis besteht.

b) Ferner dürfte die gesetzlich vorgeschriebene Form nicht eingehalten sein. Die bloß mündliche Einigung zwischen A und B hinsichtlich des Grundstücks mit der Flurstücknummer 399 ist nicht notariell beurkundet worden. Der beurkundete Kaufvertrag enthielt die Flurstücknummer 939.

Somit ist die gesetzlich vorgeschriebene Form des § 311 b Abs. 1 S. 1 hinsichtlich der mündlichen Abrede nicht eingehalten.

3. Eine wirksame Einigung könnte aber in dem Notartermin erzielt worden sein. A und B einigten sich hier ebenfalls darauf, dass B verpflichtet sein soll, A Eigentum und Besitz an einem Grundstück gegen Zahlung von 80.000 € zu verschaffen, vgl. § 433.

a) Fraglich ist jedoch, auf welches Grundstück sich diese Einigung bezieht. Nach den §§ 133, 157 sind Willenserklärungen grundsätzlich nach objektivem Empfängerhorizont auszulegen. Maßgeblich ist daher, wie ein objektiver Dritter in der Lage der Parteien die Erklärungen verstehen durfte. Eine solche Person würde bei einem notariellen Kaufvertrag, der das Grundstück mit der Flurnummer 939 ausweist, auch von eben diesem Grundstück ausgehen.

Ausnahmsweise ist jedoch allein auf den wahren Willen der Parteien / das subjektiv Gewollte abzustellen, wenn diese irrtümlich eine falsche Bezeichnung wählen (**falsa demonstratio non nocet**). Hier wollten sowohl A als auch B das Flurstück 399 angeben. Die rein objektiv andere Angabe spiegelt gerade nicht den wahren Willen der Parteien wider. Demnach bezieht sich die Einigung auf das Flurstück mit der Nummer 399.

b) Diese Einigung könnte jedoch nach § 125 S. 1 i.V.m. § 311 b Abs. 1 S. 1 unwirksam sein.

Ein Vertrag i.S.d. § 311 b Abs. 1 S. 1 liegt hier vor. Fraglich ist daher, ob der Vertrag, den A und B geschlossen haben (also in Bezug auf Flurstück 399), notariell beurkundet wurde. Beurkundungsbedürftig sind sämtliche Inhalte des Verpflichtungsgeschäfts, sodass insbesondere das Grundstück hinreichend bestimmt sein muss.[65] Hier wurde gerade nicht das Grundstück bezeichnet, das Gegenstand des Kaufvertrages ist. Ob dies auch dann schädlich ist und zur Formunwirksamkeit führt, wenn die Parteien nur irrtümlich eine falsche Bezeichnung gewählt haben, ist anhand des Normzwecks des § 311 b zu ermitteln.

§ 311 b hat zunächst eine **Warn- und Schutzfunktion** dahingehend, dass die Parteien sich nicht übereilt verpflichten sollen, ein Grundstück zu veräußern oder zu erwerben. Hierbei sollen sie gerade von einem Notar **belehrt** werden.[66] Diese Funktion wird aber auch bei einer irrtümlichen Falschbezeichnung erreicht. Der besonderen Bedeutung des Geschäfts werden sich die Parteien hier vollumfänglich bewusst. Die Parteien sind somit hier in ihrem Vertrauen auf die Wirksamkeit des Rechtsgeschäfts schutzwürdig.

---

65 Palandt/Grüneberg § 311 b Rn. 25 f.
66 Vgl. MünchKomm/Kanzleiter § 311 b Rn. 1.

Daran kann auch die **Kontroll- und Beweisfunktion** nichts ändern. Zwar soll die Urkunde Beweis für die Richtigkeit der Angaben erbringen. Es ist jedoch ohnehin allgemein anerkannt, dass auch außerhalb der Urkunde liegende Umstände bei der Auslegung Berücksichtigung finden können.[67]

Bei einer unbewussten Falschbezeichnung ist die Form des § 311 b Abs. 1 S. 1 somit auch gewahrt, wenn nicht das wirklich Gewollte beurkundet wurde.[68]

Folglich ist die in den notariell beurkundeten Kaufvertrag aufgenommene Falschbezeichnung unbeachtlich, sodass die Einigung in Bezug auf das Flurstück 399 nicht gemäß § 125 S. 1 i.V.m. § 311 b Abs. 1 S. 1 nichtig und damit wirksam ist.

Somit ist der **Anspruch** des B gegenüber A auf Zahlung des Kaufpreises i.H.v. 80.000 € aus § 433 Abs. 2 **entstanden**.

II. Der **Anspruch** ist auch **nicht untergegangen**.

III. Fraglich ist jedoch, ob der **Anspruch** auch **durchsetzbar** ist.

A könnte die **Einrede des nicht erfüllten Vertrags i.S.d. § 320 Abs. 1 S. 1** zustehen. Dazu müsste zwischen A und B ein gegenseitiger Vertrag bestehen und A noch einen Anspruch auf die zur Zahlungspflicht (§ 433 Abs. 2) synallagmatischen Gegenleistung haben.

Der Kaufvertrag zwischen A und B begründet synallagmatische Pflichten, sodass er gegenseitig i.S.d. § 320 Abs. 1 S. 1 ist.

Ferner müsste A noch einen Anspruch gegen B auf Übergabe und Übereignung des Grundstücks mit der Flurnummer 399 aus § 433 Abs. 1 S. 1 haben.

Ein solcher Anspruch ist mit Abschluss des wirksamen Kaufvertrages (s.o.) entstanden. Er könnte jedoch nach § 362 Abs. 1 durch Erfüllung des B erloschen sein. Dazu müsste B dem A wirksam Eigentum und Besitz an dem Grundstück mit der Flurnummer 399 verschafft haben.

Das setzt voraus, dass A nach §§ 873 Abs. 1, 925 wirksam Eigentum an diesem Grundstück von B erworben hat.

1. A und B müssten sich zunächst über den Eigentumsübergang an dem Grundstück (Nr. 399) in der Form des § 925 Abs. 1 **geeinigt** (§ 873 Abs. 1) haben. Auch bei der Auflassung haben sich A und B zwar objektiv in Bezug auf das Grundstück Nr. 939 geeinigt. Mit den obigen Ausführungen ist jedoch auch bei dieser Einigung eine Falschbezeichnung unschädlich (**falsa demonstratio**).

2. Ferner müsste A als Eigentümer des Grundstücks Nr. 399 eingetragen worden sein. Das ist hier nicht geschehen. Es hat lediglich eine Eintragung über das Grundstück mit der Nr. 939 stattgefunden. Eine Auslegung der Eintragung nach den Grundsätzen der falsa demonstratio ist ebenfalls nicht möglich. Die Eintragung soll für jeden Dritten die Rechtslage an einem Grundstück deutlich machen. Demnach kann nicht der rein subjektive

---

67 BGHZ 87, 150, 152; BGH NJW-RR 1988, 970, 971.
68 BGH NJW 1969, 2043, 2045; Palandt/Grüneberg § 311 b Rn. 37.

Wille der Parteien, der nicht im Grundbuch deutlich wird, zur Auslegung der Eintragung herangezogen werden.[69] Das zeigt sich schon daran, dass ein Dritter, wenn er einen Grundbuchauszug über das Flurstück 399 einholt, keinen Anhaltspunkt dafür hat, dass die Eintragung beim Flurstück 939 (von der er im Zweifel gar nichts weiß) sich auf dieses Grundstück bezieht.

3. B hat A somit noch kein Eigentum an dem Grundstück mit der Flurnummer 399 verschafft. Der Anspruch des A aus § 433 Abs. 1 S. 1 besteht somit noch.

Somit ist der Anspruch des B zurzeit wegen § 320 Abs. 1 S. 1 nicht durchsetzbar.

Folglich hat B gegenüber A nur einen Anspruch auf Zahlung des Kaufpreises i.H.v. 80.000 € aus § 433 Abs. 2 Zug-um-Zug (§§ 320, 322) gegen Übereignung und Übergabe des Grundstücks mit der Flurnummer 399.

Beachte:
B hat jedoch auch gegen A einen Anspruch aus § 894 und § 812 Abs. 1 S. 1 Var. 1 in Bezug auf das Flurstück 939. A wurde hier als Eigentümer eingetragen, obwohl sich die Einigung (Auflassung) nicht auf dieses Grundstück bezog (s.o.). A hat somit an diesem Grundstück auch kein Eigentum erworben. Für den Erwerb der Buchposition (als erlangtem „Etwas") besteht nach dem Inhalt des Kaufvertrages (s.o.) auch kein Rechtsgrund.

---

69 Vgl. Palandt/Bassenge § 873 Rn. 14.

Fall 12: Die Übereignung eines Grundstücks durch den verfügungsbefugten Nichteigentümer kraft Ermächtigung

Der stets sorgsame und umsichtige Opa O will sich und seinem Enkel E die Altersversorgung erleichtern. Deshalb beabsichtigt er ein großes Grundstück von A zu erwerben und in zwei gleich große Teile aufzuteilen. Den einen Teil will er für sich selber behalten, den anderen Teil will er E schenken.

Wenig später schließen O und A einen notariellen Kaufvertrag über das Grundstück, das A noch im gleichen Notartermin an O auflässt. Nach Teilung des Grundstücks wird O, wie beiderseits beabsichtigt, als Eigentümer des ersten Grundstücksteils eingetragen. Auf die Eintragung des O bzgl. des anderen (zweiten) Teils verzichtete man bewusst, um so Gebühren zu sparen. Schließlich sollte diesen Teil ohnehin der E bekommen.

Nachdem O mit E einen notariellen Schenkungsvertrag über diesen Grundstücksteil geschlossen, den Grundstücksteil an E aufgelassen hat und E als neuer Eigentümer des Grundstücksteils im Grundbuch eingetragen ist, kommt es zwischen O und E zum Streit. Da O nun am liebsten alles rückgängig machen würde, fragt er den Rechtsanwalt R nach den Eigentumsverhältnissen.

Welche Auskunft wird R ihm geben?

R wird O folgende Auskunft bzgl. der Eigentumsverhältnisse an den beiden Grundstücksteilen geben:

A. Eigentumsverhältnisse am ersten Grundstücksteil

Ursprünglich war A Eigentümer des Grundstücks und damit auch dieses Grundstücksteils. Er könnte das Eigentum aber nach §§ 873 Abs. 1, 925 an O verloren haben.

I. Eine formwirksame Auflassung (§§ 873 Abs. 1, 925) liegt (bzgl. des gesamten Grundstücks und damit auch bzgl. des ersten Grundstücksteils) vor.

II. Ferner wurde O als Eigentümer des ersten Grundstücksteils eingetragen (§ 873 Abs. 1).

III. A und O waren sich bei Eintragung auch noch über den Eigentumsübergang einig.

IV. Als verfügungsbefugter Eigentümer war A ferner zur Eigentumsübertragung berechtigt.

O ist somit Eigentümer des ersten Grundstücksteils geworden.

B. Eigentumsverhältnisse am zweiten Grundstücksteil

I. Ursprünglich war A auch Eigentümer des zweiten Grundstücksteils. Er könnte dieses aber nach §§ 873 Abs. 1, 925 an O verloren haben.

1. Eine Auflassung bzgl. des zweiten Grundstücksteils (s.o.) liegt zwischen A und O vor.

2. O müsste jedoch auch nach § 873 Abs. 1 in das Grundbuch bzgl. dieses Grundstücksteils eingetragen worden sein. Das ist hier nicht geschehen. Hinsichtlich des zweiten Grundstücksteils fand keine Zwischeneintragung des O statt.

Demnach hat O kein Eigentum am zweiten Grundstücksteil erworben.

II. Jedoch könnte O das Eigentum am zweiten Grundstücksteil gemäß §§ 873 Abs. 1, 925 auf E übertragen haben.

1. Dann müsste O den zweiten Grundstücksteil an E gemäß §§ 873 Abs. 1, 925 wirksam aufgelassen haben. Das ist der Fall.

2. Zudem ist E gemäß § 873 Abs. 1 als neuer Eigentümer des Grundstücks im Grundbuch eingetragen worden.

3. Auch waren sich O und E im Zeitpunkt des Vollrechtserwerbs, also grundsätzlich im Zeitpunkt der Eintragung gemäß § 873 Abs. 1, noch einig über den Eigentumsübergang.

4. Ferner müsste O zur Eigentumsübertragung an E im Zeitpunkt der Eintragung des E auch berechtigt gewesen sein.

Berechtigt ist der verfügungsbefugte Eigentümer oder der verfügungsbefugte Nichteigentümer, der vom wahren Rechtsinhaber zur Verfügung gemäß § 185 Abs. 1 ermächtigt oder aber gesetzlich verfügungsbefugt ist.

> **Merke:**
> Wer von Anfang an mit **Ermächtigung i.S.d. § 185 Abs. 1** verfügt, verfügt (entgegen des Wortlauts des § 185 Abs. 1) als Berechtigter.[70]

Wie zuvor festgestellt, hat O das Eigentum am zweiten Grundstücksteil nicht vom ursprünglichen Eigentümer A erworben und ist insofern Nichteigentümer.

Als Nichteigentümer könnte er jedoch zur Verfügung über den zweiten Grundstücksteil gemäß § 185 Abs. 1 ermächtigt worden sein.

Die Verfügungsermächtigung nach § 185 Abs. 1 begründet die aus dem Recht des Ermächtigenden abgeleitete Zuständigkeit des Ermächtigten, über ein subjektives Recht des Ermächtigenden im eigenen Namen zu verfügen.[71] Für diese Ermächtigung gelten die Regeln der Einwilligung nach den §§ 182, 183. Die Einwilligung kann auch durch schlüssige Handlung erfolgen.[72] In der Auflassung liegt in der Regel eine Einwilligung zur Weiterveräußerung auch ohne vorherige Eintragung des Auflassungsempfängers.[73]

> **Verfügung** ist jede Aufhebung, Übertragung, Belastung oder Inhaltsänderung eines dinglichen bzw. beschränkt dinglichen Rechts (**„AUBI"**).

Indem A das gesamte Grundstück an O aufließ, ermächtigte er ihn zugleich zur Weiterveräußerung und damit zur Vornahme von Verfügungen i.S.d. § 185 Abs. 1. Insofern ermächtigte A den O zur Übertragung des Eigentums des A am zweiten Grundstücksteil. Zwar könnte man bei einer Weiterveräußerung ohne Zwischeneintragung (sog. **Kettenauflassung**) auch annehmen, dass der Zwischenerwerber ein Anwartschaftsrecht *(vgl. dazu Fall 24)* auf den Letzterwerber überträgt, das dann mit dessen Eintragung als Eigentümer zum Vollrecht erstarkt. Jedoch entsteht ein Anwartschaftsrecht

---

70　BGH NJW 2004, 365; Mansel in Jauernig, BGB, § 185 Rn. 6.
71　BGH NJW 1989, 521, 522; MünchKomm/Bayreuther § 185 Rn. 21, 29.
72　Palandt/Ellenberger § 185 Rn. 8.
73　RGZ 135, 378, 382; BayObLG NJW-RR 1991, 465 (LS).

erst dann, wenn von dem mehraktigen Entstehungstatbestand eines Rechts schon so viele Erfordernisse erfüllt sind, dass von einer gesicherten Rechtsposition des Erwerbers gesprochen werden kann, die der andere nicht mehr einseitig zerstören kann.[74] A könnte hier aber den zweiten Grundstücksteil nach der Auflassung an O auch noch an einen anderen auflassen, der dann vom Grundbuchamt als Eigentümer eingetragen wird. Mithin liegt hier noch keine gesicherte Rechtsposition und damit kein Anwartschaftsrecht vor. Somit bleibt es dabei, dass O, als er den zweiten Grundstücksteil an E aufließ, verfügungsbefugter Nichteigentümer kraft Ermächtigung nach § 185 Abs. 1 war.

Mithin war O zur Eigentumsübertragung an E im Zeitpunkt der Eintragung des E als verfügungsbefugter Nichteigentümer auch berechtigt.

III. Das bedeutet, dass E vom Berechtigten O gemäß §§ 873 Abs. 1, 925 das Eigentum am zweiten Grundstücksteil erworben hat.

---

74 BGHZ 83, 395, 399; 89, 41, 44.

Fall 13: Die Übereignung eines Grundstücks durch den verfügungsbefugten Nichteigentümer kraft Gesetzes (Testamentsvollstrecker)

Mit notarieller Urkunde erklärten die Vorerbin V und der Nacherbe N unter anderem, dass sie sich endgültig über den Nachlass des Erblassers auseinandersetzen wollen. Zu diesem Zweck vereinbarten sie, dass V dem N im Wege der Vorwegnahme der Nacherbfolge das Eigentum am Nachlassgrundstück einräumt und er als Ausgleich dafür der V einen lebenslänglichen Nießbrauch an dem Grundstück bestellt. Der Testamentsvollstrecker T ist mit dieser Vorgehensweise einverstanden und erklärt daher die Entlassung des Grundstücks aus seiner Verwaltung. Sodann lässt T das Grundstück formgerecht an N auf und zugleich bewilligt N die Eintragung des Nießbrauchs.

Kurz nach der Eintragung des N im Grundbuch kommen der V Zweifel an dessen Eigentümerstellung. Sie ist sich nicht sicher, ob T hier überhaupt das Grundstückseigentum auf N übertragen konnte. Um ganz sicher zu gehen, sucht sie ihren Rechtsanwalt R auf und bittet ihn, die Eigentumsverhältnisse am Grundstück zu prüfen.

Zu welchem Ergebnis wird R kommen?

R wird zu dem Ergebnis kommen, dass derjenige Eigentümer des Nachlassgrundstücks geworden ist, bei dem dafür die Voraussetzungen vorliegen.

I. Ursprünglich war der Erblasser Eigentümer des Nachlassgrundstücks.

II. Mit dem Tode des Erblassers erlangte V im Wege der Universalsukzession nach § 1922 als Vorerbin aufgrund § 2100 das Eigentum an dem Nachlassgrundstück.

III. V könnte ihr Eigentum am Nachlassgrundstück jedoch an N verloren haben, wenn T es gemäß §§ 873 Abs. 1, 925 wirksam an N übereignet hat.

1. Dazu müsste T das Grundstück zunächst wirksam an N **aufgelassen** (§§ 873 Abs. 1, 925) haben. Laut Sachverhalt hat T das Nachlassgrundstück formgerecht und damit wirksam an N gemäß §§ 873 Abs. 1, 925 aufgelassen.

2. Zudem ist N als neuer Eigentümer im Grundstück gemäß § 873 Abs. 1 **eingetragen** worden.

3. Auch waren sich T und N **im Zeitpunkt des Vollrechtserwerbs**, also gemäß § 873 Abs. 1 grundsätzlich im Zeitpunkt der Eintragung, **noch einig** über den Eigentumsübergang.

4. Ferner müsste T im Zeitpunkt der Eintragung des N zur Eigentumsübertragung **berechtigt** gewesen sein.

Berechtigt ist der verfügungsbefugte Eigentümer oder der verfügungsbefugte Nichteigentümer, der vom wahren Rechtsinhaber zur Verfügung gemäß § 185 Abs. 1 ermächtigt oder aber gesetzlich verfügungsbefugt ist.

Der Vorerbe erwirbt beim Erbfall zunächst persönlich die Erbschaft. Mit dem Tode des Vorerben erwirbt dann der Nacherbe die Erbschaft. Beide leiten also in gleicher Weise ihr Erbrecht vom Erblasser ab, nur zeitlich nacheinander, vgl. § 2100 (*vgl. dazu AS-FallSkript Erbrecht, Fall 37*).

Zwar ist die Vorerbin V hier Eigentümerin des Nachlassgrundstücks, aber als **Testamentsvollstrecker** ist T gemäß § 2205 S. 2 berechtigt, den Nachlass in Besitz zu nehmen und über die Nachlassgegenstände zu verfügen.

Dieses alleinige Verfügungsrecht erhält der Testamentsvollstrecker gemäß § 2205 unmittelbar für und gegen die betroffenen Erben, die von der Verfügungsbefugnis gemäß § 2211 (*vgl. Fall 15*) ausgeschlossen sind. Es umfasst nur die zum Nachlass gehörenden und seiner Verwaltung unterliegenden Gegenstände. Wirksam sind die Verfügungen des Testamentsvollstreckers jedoch nur, wenn sie entgeltlich sind oder die Erben einer unentgeltlichen Verfügung zugestimmt haben.[75] Insofern kann der Testamentsvollstrecker mit Zustimmung der Erben (wozu auch die Nacherben gehören) über den Rahmen von Pflicht- und Anstandsschenkungen i.S.d. § 2205 S. 3 hinaus unentgeltlich verfügen.[76]

Mit Blick auf die von V und N getroffene Vereinbarung, wonach V bei Eigentumsübertragung auf N ein Äquivalent in Form eines lebenslänglichen Nießbrauchs eingeräumt wird, durfte T hier zwar eigentlich schon davon ausgehen, dass die Verminderung des Nachlasses mit einer entsprechenden Gegenleistung korrespondiert und damit „entgeltlich" war. Jedoch setzt „Unentgeltlichkeit" i.S.d. § 2205 S. 3, die objektiv erfordert, dass dem Nachlass keine gleichwertige Gegenleistung zufließt, immerhin subjektiv voraus, dass der Testamentsvollstrecker das Fehlen oder die Unzulänglichkeit der Gegenleistung kennt oder bei ordnungsgemäßer Verwaltung hätte erkennen müssen.[77] Diese subjektive Komponente ist vorliegend bei T aber nicht erfüllt, sodass er mit Zustimmung des Nacherben N auch über den Rahmen des § 2205 S. 3 hinaus hier unentgeltlich verfügen konnte.

Folglich besteht für T gemäß **§ 2205 S. 2** eine **gesetzliche Verfügungsbefugnis**, sodass er als **verfügungsbefugter Nichteigentümer kraft Gesetzes** zur Eigentumsübertragung berechtigt ist.

Mithin war T zur Eigentumsübertragung an N im Zeitpunkt der Eintragung des N berechtigt.

IV. Das bedeutet, dass N vom Berechtigten T gemäß §§ 873 Abs. 1, 925 das Eigentum am Nachlassgrundstück erworben hat.

Somit wird R zu dem Ergebnis kommen, dass N Eigentümer des Grundstücks ist.

---

75 BGHZ 57, 84; Palandt/Weidlich § 2205 Rn. 24.
76 BGHZ 57, 84, 94.
77 RGZ 105, 246, 248; BGHZ 57, 84, 90; BGH NJW 1991, 842; Palandt/Weidlich § 2205 Rn. 28.

Fall 14: Nachträgliche Beschränkung der Verfügungsbefugnis

Um nach einer Reihe gescheiterter Existenzgründungen im ertragsträchtigen Film- und Fernsehgeschäft mitzumischen, plant Produzent P den Aufbau einer neuen, international tätigen Produktionsgesellschaft. Da er bei den Banken keinen Kredit mehr bekommt, zum Aufbau des Unternehmens aber dringend auf Barmittel angewiesen ist, verkauft er formgerecht sein Grundstück an A. Die Auflassung wird von beiden im Notartermin am 05.04.2012 erklärt und notariell beurkundet. Bereits am 05.05.2012 reicht A die beurkundeten Auflassungserklärungen beim Grundbuchamt ein.

Noch bevor A am 05.08.2012 als neuer Eigentümer im Grundbuch eingetragen wird, wird im Juni 2012 das Insolvenzverfahren über das Vermögen des glücklosen Produzenten P eröffnet. Der zuständige Insolvenzverwalter I will zur Befriedigung der Insolvenzgläubiger erst einmal alle Vermögenswerte zusammenhalten und widerspricht daher ausdrücklich dem Grundstücksgeschäft.

Kann A von P am 06.08.2012 das Grundstück herausverlangen?

A könnte gegenüber P einen Anspruch auf Herausgabe des Grundstücks aus §§ 985, (986) haben.

I. Dazu müsste A gemäß § 985 zunächst **Eigentümer** des herausverlangten Grundstücks sein.

Ursprünglich war P Eigentümer des Grundstücks.

Er könnte jedoch sein Eigentum daran gemäß §§ 873 Abs. 1, 925 an A übertragen haben.

1. Dazu müssten sich P und A zunächst gemäß §§ 873 Abs. 1, 925 wirksam über den Eigentumsübergang geeinigt haben.

Im Notartermin vom 05.04.2012 erklären P und A die **Auflassung** des Grundstücks und lassen zudem die Auflassung notariell beurkunden.

Mithin haben sich P und A wirksam über den Eigentumsübergang am Grundstück geeinigt.

2. Zudem ist A auch nach § 873 Abs. 1 am 05.08.2012 als neuer Eigentümer des Grundstücks im Grundbuch **eingetragen** worden.

3. Ferner waren sich P und A **im Zeitpunkt der Eintragung** gemäß § 873 Abs. 1 auch noch **einig** darüber, dass das Eigentum am Grundstück von P auf A wechseln soll.

4. Ferner müsste P zur Eigentumsübertragung an A im Zeitpunkt der Eintragung des A **berechtigt** gewesen sein.

Berechtigt ist der verfügungsbefugte Eigentümer oder der verfügungsbefugte Nichteigentümer, der vom wahren Rechtsinhaber zur Verfügung gemäß § 185 Abs. 1 ermächtigt oder aber gesetzlich verfügungsbefugt ist.

Die notarielle Beurkundung einer Auflassungserklärung ist für die Einhaltung der Form des § 925 Abs. 1 nicht erforderlich, vermag aber z.B. Bindungswirkung nach § 873 Abs. 2 auszulösen.

Beachte:
Nur die Verfügungsbefugnis geht gemäß § 80 Abs. 1 InsO auf den Insolvenzverwalter über. Der Schuldner bleibt gleichwohl (nichtverfügungsbefugter) Eigentümer. Etwaige Verfügungen des Schuldners sind dann gemäß § 81 Abs. 1 S. 1 InsO unwirksam.

Ursprünglich war P verfügungsbefugter Grundstückseigentümer. Aber mit Eröffnung des Insolvenzverfahrens über sein Vermögen im Juni 2012 geht gemäß § 80 Abs. 1 InsO die Befugnis, über das zur Insolvenzmasse gehörende Vermögen zu verfügen, auf den Insolvenzverwalter I über. Zur Insolvenzmasse i.S.d. § 35 InsO gehört vorliegend auch das Grundstück des P, sodass er im Juni 2012 die Verfügungsbefugnis über sein Grundstück verloren hat.

Damit war P zum Zeitpunkt der Eintragung des A, also am 05.08.2012, nicht mehr verfügungsbefugter Eigentümer und insofern zur Eigentumsübertragung auch grundsätzlich nicht berechtigt.

5. Ausnahmsweise könnte die fehlende Verfügungsbefugnis des P hier jedoch überwunden worden sein.

a) Fraglich ist, ob eine **Genehmigung** des I **gemäß § 185 Abs. 2 Var. 1**, der kraft seines Amtes als Insolvenzverwalter gemäß § 80 Abs. 1 InsO verfügungsbefugter Nichteigentümer und damit Berechtigter ist, zur Überwindung der fehlenden Verfügungsbefugnis bei P führen könnte.

Unabhängig davon, dass wegen des Widerspruchs des I eine Genehmigung hier schon de facto nicht in Betracht kommt, ist die Verfügung des P über sein Grundstückseigentum vom 05.04.2012 mit der Eröffnung des Insolvenz-verfahrens im Juni 2012 gemäß § 81 Abs. 1 S. 1 InsO (*ex nunc*) unwirksam.

Mangels schwebender Unwirksamkeit der Verfügung des P ist somit eine nachträgliche Zustimmung (= Genehmigung, § 184) des I, die zur Überwindung der Verfügungsbefugnis führen könnte, schon von vornherein nicht möglich.

Beachte:
Nach § 91 Abs. 2 InsO findet § 878 auch im Falle der Insolvenz Anwendung!

b) Jedoch könnte die fehlende Verfügungsbefugnis des P nach § 91 Abs. 2 **InsO i.V.m. § 878** überwunden worden sein.

aa) Dazu müsste eine **Verfügungserklärung des Berechtigten i.S.d. §§ 873, 875, 877** im Zeitpunkt der Abgabe der Einigungserklärungen vorliegen.

Indem P das Grundstück am 05.04.2012 formgerecht an A auflässt, liegt eine Verfügungserklärung i.S.d. § 873 Abs. 1 vor. In diesem Zeitpunkt war das Insolvenzverfahren über das Vermögen des P auch noch nicht eröffnet, sodass er im Zeitpunkt der Abgabe der Einigungserklärungen und damit i.S.d. § 878 Berechtigter war.

bb) Ferner müsste gemäß § 878 die Verfügungserklärung des Berechtigten gemäß § 873 Abs. 2 oder § 875 Abs. 2 vor Eintragung **bindend** geworden sein.

Aufgrund der notariellen Beurkundung der Auflassungserklärungen vom 05.04.2012 hat die Verfügungserklärung des P nach § 873 Abs. 2 noch vor der Eintragung Bindungswirkung ausgelöst.

cc) Ferner müsste gemäß § 878 der **Antrag auf Eintragung der Rechtsänderung** beim Grundbuchamt noch **vor Eintritt der Verfügungsbeschränkung** gestellt worden sein.

Bereits am 05.05.2012 hat A die beurkundeten Auflassungserklärungen beim Grundbuchamt eingereicht, sodass noch vor Eintritt der Verfügungsbeschränkung der Antrag auf Eigentumsumschreibung gestellt ist.

dd) Ferner sind auch alle sonstigen notwendigen Voraussetzungen einer Rechtsänderung erfüllt, sodass zum Übergang des Rechts nur noch die Eintragung erforderlich ist.

6. Demzufolge ist die fehlende Verfügungsbefugnis des P hier nach § 91 Abs. 2 InsO i.V.m. § 878 überwunden worden und damit konnte der Eintritt der nachträglichen Verfügungsbeschränkung den Rechtserwerb des A nicht mehr verhindern.

Somit hat P sein Eigentum am Grundstück gemäß §§ 873 Abs. 1, 925 wirksam an A übertragen.

II. Ferner müsste P **Besitzer** des Grundstücks sein.
P hat das Grundstück noch im Besitz und übt darüber die tatsächliche Sachherrschaft i.S.d. § 854 Abs. 1 aus.
Mithin ist P Besitzer des Grundstücks.

III. Ferner dürfte P kein Recht zum Besitz des Grundstücks gemäß § 986 haben.
P hat weder ein obligatorisches Recht, das ihn zum Besitz des Grundstücks gegenüber A berechtigt (z.B. Mietvertrag, § 535), noch hat er ein dingliches Recht zum Besitz.

Somit hat A gegenüber P einen Anspruch auf Herausgabe des Grundstücks aus §§ 985, (986).

Beachte:
Über den Wortlaut hinaus müssen auch die sonstigen Voraussetzungen einer Rechtsänderung erfüllt sein, da § 878 letztlich nur die Nachteile des Eintragungsgrundsatzes ausschließen will. Das wäre z.B. dann nicht der Fall, wenn nach dem Eintragungsantrag noch eine Genehmigung bei einer Behörde eingeholt werden müsste, damit das Eigentum übergeht.

> **Fall 15: Nachträgliche Entziehung der Verfügungsbefugnis**
>
> Kurz nach dem Tode des stadtbekannten Zuhälters Z entbrannte auf dem Hamburger Kiez eine heftige Auseinandersetzung potentieller Erbberechtigter um dessen Erbe. Die mit Z zuletzt zusammenlebende P fühlt sich daher berufen, die verworrene Erbsituation zu lösen. Da alle in Betracht kommenden, scheinbar erbberechtigten Personen ausschließlich an Bargeld interessiert sind, verkauft P das Hausgrundstück des Z in Blankenese formgerecht an den A. Die Auflassung findet mit notarieller Urkunde am 01.06. statt. Den entsprechenden Antrag auf seine Eintragung im Grundbuch stellt A am 05.06. Kurz darauf meldet sich der von Z testamentarisch eingesetzte Testamentsvollstrecker T bei den Beteiligten. Da T vom Tode des Z zunächst nichts mitbekommen hatte, konnte er erst am 02.07. sein Amt als Testamentsvollstrecker annehmen. Da T mit dem Grundstück andere Pläne hat, verweigert er trotz der testamentarischen Erbenstellung der P die Zustimmung zu sämtlichen Geschäften der P.
>
> A wird am 03.08. als neuer Eigentümer im Grundbuch eingetragen. Sichtlich irritiert bittet A um Erstellung eines Gutachtens zu der Frage, ob er denn überhaupt Eigentümer des Grundstücks geworden ist.

A könnte das Eigentum am Grundstück von P gemäß §§ 873 Abs. 1, 925 erworben haben.

I. Dazu müssten sich P und A zunächst gemäß §§ 873 Abs. 1, 925 wirksam über den Eigentumsübergang geeinigt haben.

Mit notarieller Urkunde vom 01.06. erfolgte die **Auflassung** von P an A, sodass sich beide wirksam über den Eigentumsübergang am Grundstück geeinigt haben.

II. Zudem ist A auch nach § 873 Abs. 1 am 03.08. als neuer Eigentümer des Grundstücks im Grundbuch **eingetragen** worden.

III. Ferner waren sich P und A im Zeitpunkt des Vollrechtserwerbs, also nach § 873 Abs. 1 grundsätzlich im Zeitpunkt der Eintragung, auch noch **einig** darüber, dass das Eigentum am Grundstück von P auf A wechseln soll.

IV. Ferner müsste P zur Eigentumsübertragung an A im Zeitpunkt der Eintragung des A auch **berechtigt** gewesen sein.

Zur Eigentumsübertragung ist nur der wahre Rechtsinhaber, also der Verfügungsbefugte Eigentümer oder der verfügungsbefugte Nichteigentümer, der vom wahren Rechtsinhaber zur Verfügung gemäß § 185 Abs. 1 ermächtigt oder aber gesetzlich verfügungsbefugt ist, berechtigt.

Zwar war P als testamentarische Erbin gemäß §§ 1922, 1937 scheinbar zunächst verfügungsbefugte Eigentümerin und damit auch Berechtigte. Aufgrund der Amtsannahme des T als Testamentsvollstrecker gemäß §§ 2197 Abs. 1, 2202 Abs. 1 kann P aber nach § 2211 gar nicht über das zum Nachlass gehörende Hausgrundstück verfügen. Der **Entzug des Verfügungsrechts des Erben tritt nach § 2211 bereits mit dem Erbfall ein**, auch wenn der Testamentsvollstrecker sein Amt noch nicht angenommen hat.[78] Das bedeutet, dass noch vor der endgültigen Vollendung des Rechtserwerbs durch die Eintragung des A am 03.08. der P jegliche dingliche Verfügungsbefugnis von Anfang an entzogen ist.

Folglich ist P nicht verfügungsbefugte Eigentümerin und somit zur Eigentumsübertragung an A im Zeitpunkt der Eintragung des A auch grundsätzlich nicht berechtigt.

V. Ausnahmsweise könnte die fehlende Verfügungsbefugnis der P hier jedoch überwunden worden sein.

1. In Betracht kommt zunächst eine **Genehmigung** des kraft seines Amtes verfügungsbefugten Nichteigentümers und damit Berechtigten T nach § 185 Abs. 2 Var. 1.

Die Verfügung der P vom 01.06. war unwirksam, allerdings nicht nichtig. An einer Genehmigung des T, also einer nachträglichen Zustimmung i.S.d. § 184, die auf den Zeitpunkt der Vornahme des Rechtsgeschäfts zurückwirkt, fehlt es hier jedoch. T plante mit dem Grundstück etwas anderes und verweigerte daher die Zustimmung.

Mithin liegt keine Genehmigung des T nach § 185 Abs. 2 Var. 1vor, die die fehlende Verfügungsbefugnis der P überwindet.

2. Jedoch könnte die fehlende Verfügungsbefugnis der P nach § 878 überwunden worden sein.

a) Dazu müsste zunächst eine **Verfügungserklärung des Berechtigten** i.S.d. §§ 873, 875, 877 vorliegen.

Indem P das Grundstück formgerecht an A auflässt, liegt eine Verfügungserklärung i.S.d. § 873 Abs. 1 vor. Jedoch war P trotz der verspäteten Amtsannahme des T, aufgrund der Wirkung des § 2211 (s.o.), bereits zum Zeitpunkt des Erbfalls die Verfügungsbefugnis entzogen. Damit fehlte es von vornherein an der Berechtigung zur Eigentumsübertragung.

Somit liegt keine Verfügungserklärung eines Berechtigten i.S.d. § 873 Abs. 1 vor.

b) Folglich kann die fehlende Verfügungsbefugnis der P nicht gemäß § 878 überwunden werden.

Somit ist P nicht verfügungsbefugte Eigentümerin und daher zur Eigentumsübertragung an A im Zeitpunkt der Eintragung des A auch grundsätzlich nicht berechtigt.

Verfügungsbeschränkungen bzw. **Verfügungsentziehungen** (z.B. §§ 161, 1984, 2113, 2211; §§ 21 Abs. 2 Nr. 2, 80 Abs. 1 i.V.m. 81 Abs. 1 InsO) beeinträchtigen unmittelbar die Verfügungsbefugnis des Berechtigten.

---

78 BGHZ 25, 275, 282; Palandt/Weidlich § 2211 Rn. 2.

Der Erwerb des Grundeigentums vom Nichtberechtigten wird im Einzelnen im 3. Teil behandelt (*vgl. Fall 16 ff.*).

VI. Jedoch erwirbt der gutgläubige A, der bei der Auflassung mit P das Bestehen einer Testamentsvollstreckung nicht kannte bzw. jedenfalls **gutgläubig** annahm, dass das Hausgrundstück nicht der Verwaltung des T unterliegt, von der nichtberechtigten P das Eigentum an dem Grundstück gemäß §§ 2211 Abs. 2, 892.

VII. Folglich hat A das Eigentum am Grundstück gutgläubig von P gemäß §§ 873 Abs. 1, 925 i.V.m. §§ 2211 Abs. 2, 892 erworben.

Anmerkung:

Bei derselben Verfügungsbeschränkung schließen sich § 878 und § 892 aus.[79] Denn § 878 regelt den Fall, dass die Verfügungsbeschränkung nach der Antragsstellung eintritt, während sie bei § 892 vorher eingetreten sein muss (vgl. § 892 Abs. 2).

---

79 Palandt/Bassenge § 878 Rn. 3; Rahn NJW 1959, 97.

2. Teil: Der Erwerb des Grundeigentums vom Nichtberechtigten

Fall 16: Die Übereignung eines Grundstücks durch den Nichtberechtigten (Grundfall)

Nach dem Tode seines Vaters V kehrt S, der einzige Sohn des V, in seinen sächsischen Heimatort nahe des Vogtlandes zurück. Auch wenn er früher die ländliche Idylle stets zu schätzen wusste, möchte er heute hier nicht „tot über dem Zaun hängen". So reift in ihm schnell der Entschluss, die Hinterlassenschaft seines Vaters aufzulösen.

Nachdem er sich einen Erbschein hat ausstellen lassen, übereignet S nach und nach neben unzähligen beweglichen Gegenständen auch das väterliche Grundstück formgerecht unter Vorlage des auf ihn ausgestellten Erbscheins an X. X wird im Grundbuch eingetragen. Kurze Zeit später findet S heraus, dass V zwar im Grundbuch als Eigentümer des Grundstücks eingetragen war, ihm aber das Grundstück in Wahrheit gar nicht gehörte. Als dann auch noch der wahre Grundstückseigentümer Y bei S und X vorstellig wird und Ansprüche am Grundstück anmeldet, scheint das Chaos perfekt zu sein. Zwar hatte X schon zu Lebzeiten des V von Gerüchten über eine Eigentümerstellung des Y gehört, diesen aber keine Bedeutung beigemessen. Aus Sorge, dass an den Gerüchten „etwas dran" sein könnte, hatte auch S dem X nichts davon erzählt. Schließlich sollte das Geschäft ja zustande kommen.

Da Y nicht gewillt ist, auf sein Grundstück zu verzichten und sich als rechtmäßiger Eigentümer des Grundstücks betrachtet, erhebt er gegenüber X Klage auf Zustimmung zur Grundbuchberichtigung.

Wird die zulässige Klage Erfolg haben?

Die zulässige Klage hat Erfolg, wenn sie begründet ist.

Das ist der Fall, wenn Y gegenüber X ein materiell-rechtlicher Anspruch auf Zustimmung zur Grundbuchberichtigung zusteht. Ein Grundbuchberichtigungsanspruch des Y gegenüber X könnte sich aus § 894 ergeben.

I. Dann müsste zunächst das **Grundbuch unrichtig** sein.

Das ist der Fall, wenn die formelle Grundbuchlage mit der materiellen Grundbuchlage nicht übereinstimmt.

1. Nach der formellen Grundbuchlage, also bzgl. der Eintragung im Grundbuch, ist X neuer Eigentümer des Grundstücks.

2. Fraglich ist jedoch, ob X auch materiell-rechtlich neuer Eigentümer des Grundstücks geworden ist. Das wäre dann der Fall, wenn X das Eigentum am Grundstück gemäß §§ 873 Abs. 1, 925 von S erworben und nicht wieder verloren hat.

a) Vorliegend hat S das väterliche Grundstück an X gemäß §§ 873 Abs. 1, 925 formgerecht **aufgelassen**.

b) Ferner ist X als neuer Eigentümer des Grundstücks im Grundbuch **eingetragen** worden, § 873 Abs. 1.

c) Darüber hinaus waren sich S und X gemäß § 873 Abs. 1 im Zeitpunkt der Eintragung auch **noch einig** darüber, dass das Eigentum am Grundstück nunmehr dem X zustehen soll.

d) S müsste ferner **berechtigt** gewesen sein. Berechtigt ist der verfügungsbefugte Eigentümer oder der verfügungsbefugte Nichteigentümer, der der zur Verfügung gemäß § 185 Abs. 1 ermächtigt oder aber kraft Gesetzes verfügungsbefugt ist.

Ein Eigentumserwerb des S nach § 1922 Abs. 1 im Wege der Universalsukzession setzt voraus, dass der Erblasser V bereits Eigentümer des Grundstücks war. Das ist hier nicht der Fall. Ein gutgläubiger Erwerb durch einen Erben ist nicht möglich. Daran ändert auch die Erteilung des Erbscheins zugunsten des S nichts; lediglich der Dritte, also der X, wird gemäß §§ 2365 ff. durch den Erbschein geschützt.

Demnach war S nicht zur Eigentumsübertragung berechtigt.

Merke:
Der Erwerb vom Nichtberechtigten sollte in einem eigenen Punkt nach der Feststellung der fehlenden Berechtigung geprüft werden, um so Wiederholungen zu vermeiden.

e) Mangels Berechtigung des S könnte X daher das Grundstück nur **gutgläubig vom Nichtberechtigten S nach § 892 erworben** haben.

aa) Dann müsste die Übereignung des Grundstücks gemäß § 892 zunächst ein **Rechtsgeschäft im Sinne eines Verkehrsgeschäftes** darstellen.

X erwirbt das Grundstück von S im Wege rechtsgeschäftlicher Übertragung und nicht etwa durch Erbschaft, Ersitzung, etc. Ein Verkehrsgeschäft liegt dann vor, wenn bei dem Rechtsgeschäft auf Erwerberseite (wirtschaftlich gesehen) mindestens eine Person beteiligt ist, die nicht auch auf Veräußererseite beteiligt ist *(vgl. dazu Fall 18)*.[80] Bei X handelt es sich auch wirtschaftlich gesehen um eine andere Person als S.

Mithin liegt ein Rechtsgeschäft im Sinne eines Verkehrsgeschäftes vor.

bb) Ferner müsste das **Grundbuch** gemäß § 892 **unrichtig** sein. Maßgebend ist insoweit der Grundbuchinhalt zum Zeitpunkt der Vollendung des Rechtserwerbs, hier also zum Zeitpunkt der Eintragung des X. Im Grundbuch ist zu diesem Zeitpunkt V als Eigentümer des in Wahrheit dem Y gehörenden Grundstücks eingetragen. Mithin ist das Grundbuch gemäß § 892 unrichtig.

Der „Rechtsschein" des Grundbuchs legitimiert den Verfügenden, was durch § 2366 für den Scheinerben erweitert wird.

cc) Darüber hinaus müsste sich der verfügende S gemäß § 892 aufgrund der Grundbuchlage zur Verfügung über das Eigentum am Grundstück **legitimieren**.

Als Erbe war S nie im Grundbuch eingetragen, sondern nur sein Vater, der Erblasser V. Daher konnte sich S persönlich gegenüber X auch nicht aufgrund der reinen Grundbuchlage nach § 892 legitimieren. Wenn der Erbe im Grundbuch bereits eingetragen ist, kommen nämlich für den gutgläubigen Erwerb lediglich die Vorschriften über den öffentlichen Glauben des Grundbuchs (§§ 891 ff.) in Betracht.[81] War noch der Erblasser eingetragen,

---

81 Palandt/Weidlich § 2366 Rn. 5.

so gelten zusätzlich die Vorschriften über den Erbschein (§§ 2365 ff.) und der Erwerber wird bzgl. des Mangels des Verfügungsrechts des Veräußerers durch den Erbschein geschützt.[82]

Das bedeutet, dass selbst wenn S sich vor der Verfügung an X nicht als Eigentümer des väterlichen Grundstücks eintragen lässt, was er aufgrund des auf ihn ausgestellten Erbscheins durchaus hätte bewirken können, er sich gleichwohl gegenüber X zur Verfügung über das Eigentum am Grundstück kraft des auf ihn ausgestellten Erbscheins gemäß § 2366 legitimiert.

Mithin liegt hier eine Legitimation des Verfügenden (nicht aufgrund der Grundbuchlage, aber kraft des auf ihn ausgestellten Erbscheins) vor.

dd) Ferner müsste der Erwerber X gemäß § 892 **gutgläubig** sein.

Die Gutgläubigkeit des Erwerbers wird gemäß § 892 Abs. 1 vermutet („es sei denn") und ist gemäß § 892 Abs. 1 S. 1 nur ausgeschlossen, wenn ihm die Unrichtigkeit des Grundbuchs bekannt ist. Dabei bezieht sich der Gutglaubensschutz gemäß § 892 Abs. 1 S. 1 auf eingetragene Rechte und gemäß § 892 Abs. 1 S. 2 auf nicht eingetragene und gelöschte relative Verfügungsbeschränkungen.

Vorliegend hielt es X aufgrund der sich um die Eigentümerstellung des Y rankenden Gerüchte zwar für möglich, dass S mit dem Tode des V nicht Eigentümer des Grundstücks geworden ist, aber er wusste es nicht sicher und hatte somit nach § 892 Abs. 1 S. 1 keine positive Kenntnis von der fehlenden Eigentümerstellung des S. Vielmehr ging er aufgrund des ihm vorgelegten Erbscheins sogar davon aus, vom wahren Erben das Grundstück zu erwerben. Auch hielt er den S nicht für in der Verfügung über das Grundstückseigentum beschränkt.

Beachte:
Nach §§ 892 Abs. 1 S. 1, 2366 kann ein doppelt Gutgläubiger sogar vom falschen Erbscheinserben ein Recht erwerben, das fälschlich für den Erblasser eingetragen ist.[83]

Somit war X gemäß § 892 gutgläubig.

ee) Ferner dürfte gemäß § 899 **kein Widerspruch** gegen die Richtigkeit des Grundbuchs eingetragen worden sein.

Ein Widerspruch muss insoweit wirksam für den wahren Berechtigten Y eingetragen und begründet sein, was aber vorliegend nicht der Fall ist.

f) Somit erwirbt X das Grundstück vom Nichtberechtigten S gemäß § 892, sodass er auch materiell-rechtlich Eigentümer des Grundstücks geworden ist.

II. Folglich stimmt die formelle mit der materiellen Grundbuchlage überein, sodass das Grundbuch richtig ist.

Mangels Unrichtigkeit des Grundbuchs bedarf es hier keiner Erörterung der weiteren Voraussetzungen von § 894.

Somit hat Y gegenüber X keinen Anspruch auf Zustimmung zur Grundbuchberichtigung aus § 894, sodass die zulässige Klage unbegründet ist und folglich keinen Erfolg hat.

---

82 BGHZ 57, 341, 342; Palandt/Weidlich § 2366 Rn. 5.
83 BGHZ 57, 341, 342 f. = BGH NJW 1972, 434, 435.

> **Fall 17: Kein Rechtsgeschäft bei vorweggenommener Erbfolge**
>
> Durch die Reform des Erbschaftssteuerrechts irritiert, überträgt A, der irrtümlicherweise im Grundbuch als Eigentümer eines Hausgrundstücks des E eingetragen ist, einfach ein das in Wahrheit dem E gehörende Hausgrundstück im Wege vorweggenommener Erbfolge an seine Enkel B und C. Die Enkel werden je zur Hälfte als Miteigentümer im Grundbuch eingetragen. Nachdem E alles erfahren hat, ist er schockiert und verlangt umgehend das Grundstück von den ahnungslosen B und C, die es bereits in Besitz genommen haben, heraus.
>
> Zu Recht?

E könnte gegenüber B und C einen Anspruch auf Herausgabe des Grundstücks aus §§ 985, (986) haben.

I. Dazu müsste E gemäß § 985 zunächst Eigentümer des herausverlangten Grundstücks sein.

Ursprünglich war E Eigentümer des Grundstücks.
Er könnte jedoch sein Eigentum daran verloren haben, indem A es gemäß §§ 873 Abs. 1, 925 an B und C übertragen hat.

1. A hat das Grundstück formgerecht an seine Enkel B und C gemäß §§ 873 Abs. 1, 925 **aufgelassen**.

2. B und C sind zudem als neue (Mit-)Eigentümer des Grundstücks im Grundbuch **eingetragen** worden, § 873 Abs. 1.

3. Darüber hinaus waren sich A, B und C gemäß § 873 Abs. 1 im Zeitpunkt der Eintragung auch **noch einig** darüber, dass das Eigentum am Grundstück nunmehr hälftig B und C zustehen soll.

4. Jedoch war A war weder verfügungsbefugter Eigentümer noch verfügungsbefugter Nichteigentümer des Grundstücks des E und damit auch **nicht zur Eigentumsübertragung berechtigt**.

5. Mangels Berechtigung des A könnten B und C folglich das Grundstück nur **gutgläubig** vom Nichtberechtigten A nach § 892 erworben haben.

a) Dann müsste die Übereignung des Grundstücks von A auf B und C gemäß § 892 zunächst ein Rechtsgeschäft im Sinne eines Verkehrsgeschäftes darstellen.

A überträgt das Grundstück im Wege vorweggenommener Erbfolge auf seine Enkel B und C. Das bedeutet, dass ein Rechtsgeschäft vorgenommen wird, mit dem ein (künftiger) Erblasser schon zu Lebzeiten sein Vermögen (oder einen wesentlichen Teil davon) auf einen oder mehrere, als künftige Erben in Aussicht genommene, Empfänger überträgt.[84] Die vorweggenommene Erbfolge soll, lediglich zeitlich vorgezogen, (teilweise) die Wirkungen des § 1922 schon zu Lebzeiten der Beteiligten herbeiführen.

---

84   BGHZ 113, 310, 312 f.; Palandt/Weidlich vor § 1922 Rn. 6.

Als **Rechtsgeschäft i.S.d. § 892** wird jedoch nur ein auf dingliche Rechtsänderung gerichtetes Rechtsgeschäft geschützt.[85] Zwar beinhaltet die vorweggenommene Erbfolge im vorliegenden Fall durch die Übertragung von Grundstückseigentum nach §§ 873 Abs. 1, 925 ein auf dingliche Rechtsänderung gerichtetes Rechtsgeschäft, aber zugleich nimmt dieses Rechtsgeschäft einen ungeschützten gesetzlichen Erwerb nach § 1922 vorweg.

Somit stellt die vorweggenommene Erbfolge bereits kein Rechtsgeschäft i.S.v. § 892 dar.[86]

b) Folglich haben B und C das Grundstück nicht gutgläubig vom Nichtberechtigten A nach § 892 erworben.

6. Mithin ist E Eigentümer des Grundstücks geblieben.

II. Ferner müssten B und C gemäß § 985 **Besitzer** des Grundstücks sein.

B und C haben das Grundstück bereits in Besitz genommen und somit ihre tatsächliche Sachherrschaft daran gemäß § 854 Abs. 1 begründet.

Folglich sind B und C Besitzer des Grundstücks geworden.

III. Des Weiteren dürften B und C kein Recht zum Besitz des Grundstücks i.S.d. § 986 haben.

B und C haben mit E keinen wirksamen Grundstückskaufvertrag gemäß §§ 433, 311b Abs. 1 oder ein vergleichbares Kausalgeschäft abgeschlossen (§ 986 Abs. 1 S. 1 Var. 1) und können auch nicht von einem Dritten ein wirksames obligatorisches Recht zum Besitz ableiten (§ 986 Abs. 1 S. 1 Var. 2, S. 2). Auch ein eigenes oder ein abgeleitetes dingliches Recht zum Besitz von B und C kommt nicht in Betracht.

Somit haben B und C gegenüber E kein Recht zum Besitz i.S.d. § 986.

Mithin hat E gegenüber B und C einen Anspruch auf Herausgabe des Grundstücks aus § 985 (§ 986).

Anmerkung:

Mit Blick auf die Fallfrage und mangels einer der Besitzerlangung von B und C zugrunde liegenden Leistungsbeziehung (Vorrang der Leistungsbeziehungen!) könnte dem Grunde nach zwar auch ein Anspruch von E gegenüber B und C aus § 812 Abs. 1 S. 1 Var. 2 zu prüfen sein. Jedoch geht man überwiegend davon aus, dass der Anspruch aus der allgemeinen Nichtleistungskondiktion des § 812 Abs. 1 S. 1 Var. 2 dann nicht gilt, wenn der Anspruchsteller ohnehin direkt aus § 985 vorgehen kann.

---

85 BGH DNotZ 1997, 383, 385; Palandt/Bassenge § 892 Rn. 3.
86 Palandt/Bassenge § 892 Rn. 3 (a.A. gut vertretbar, vgl. LG Görlitz, Urt. v. 12.12.2003 – 2 S 46/03; LG Bielefeld Rpfleger 1999, 22-24).

Fall 18: Kein Verkehrsgeschäft bei rechtlicher oder wirtschaftlicher Personenidentität (Ein-Mann-GmbH-Fall)
(RG 19.10.1929 – V ZR 426/28, RGZ 126, 46 ff.)

G betreibt mehr schlecht als recht als Geschäftsführer einer „Einmann-GmbH" einen kleinen Elektrogerätehandel. Die Geräte lagert er in einem Schuppen auf dem Betriebsgrundstück. Im Zuge der betriebswirtschaftlichen Auswertung, die in diesem Jahr erstmals von einem Steuerberater erstellt wird, kommt heraus, dass das Grundstück gar nicht dem G, sondern seinem ehemaligen Mitgesellschafter M gehört.

Da M schon vor langer Zeit aus der Gesellschaft ausgeschieden ist, übereignet G es kurzentschlossen formgerecht an die eigene GmbH, um so etwaigen Ansprüchen des M vorzubeugen. Solche Geschäfte sind nach dem Gesellschaftsvertrag ausdrücklich erlaubt. Kurz darauf wird die GmbH als neue Eigentümerin des Grundstücks im Grundbuch eingetragen.

Als M von der ganzen Geschichte erfährt, verlangt er von der GmbH, die von G bei allen Geschäften vertreten wird, die Zustimmung zur Berichtigung des Grundbuchs. G lehnt dies ab. M ist der Ansicht, dass eine GmbH schon gar nicht gutgläubig sein könne und daher ein rechtmäßiger, gutgläubiger Grundstückserwerb ohnehin ausscheide.

Wie ist die Rechtslage?

M könnte einen Anspruch gegen die GmbH, vertreten durch G, auf Zustimmung zur Berichtigung des Grundbuchs aus **§ 894** haben.

I. Dann müsste das **Grundbuch unrichtig** sein.

Das ist der Fall, wenn die formelle Grundbuchlage mit der materiellen Grundbuchlage nicht übereinstimmt.

1. Die **formelle Grundbuchlage** weist die GmbH nach der Eintragung als neue Eigentümerin des Grundstücks aus.

2. Fraglich ist mit Blick auf die **materielle Grundbuchlage**, wer materiellrechtlich Eigentümer des Grundstücks ist. Ursprünglich war M Eigentümer des Grundstücks.

M hat sein Eigentum jedoch an die GmbH verloren, falls G der GmbH das Grundstück gemäß §§ 873 Abs. 1, 925 wirksam übertragen hat.

a) Dann müsste das Grundstück zunächst von G an die GmbH gemäß §§ 873 Abs. 1, 925 formgerecht **aufgelassen** worden sein.

G und die GmbH müssten sich daher geeinigt haben. Selbst kann die GmbH als juristische Person (§ 13 Abs. 3 GmbHG) eine solche Einigungserklärung nicht abgeben. Sie könnte jedoch nach § 164 Abs. 1 S. 1 von G vertreten worden sein.

G gab eine eigene Willenserklärung auch im Namen der GmbH ab. Er müsste ferner mit Vertretungsmacht gehandelt haben. Nach § 35 Abs. 1 GmbHG hat G Vertretungsmacht. Diese dürfte jedoch nicht nach § 181 ausgeschlossen sein. Das ist grundsätzlich dann der Fall, wenn der Vertreter mit sich selbst und für den Vertretenen ein Rechtsgeschäft vornimmt. Hier wird G sowohl für sich selbst als auch für die GmbH tätig. Damit ist nach § 181 Hs. 1 grundsätzlich das Geschäft schwebend unwirksam. Das gilt jedoch nicht, wenn dem Vertreter ein solches Vorgehen gestattet ist (§ 181 Hs. 1) oder wenn das Geschäft ausschließlich in der Erfüllung einer Verbindlichkeit besteht (§ 181 a.E.).

Hier ist dem G die Vertretung der GmbH ausdrücklich auch bei Insichgeschäften gestattet. Demnach kommt es auf die Frage, ob das Geschäft der Erfüllung einer (wirksamen) Verbindlichkeit aus dem Kaufvertrag dient, nicht an.

Mithin hat G das Grundstück formgerecht an die GmbH gemäß §§ 873 Abs. 1, 925 aufgelassen.

b) Die GmbH ist zudem als neue Eigentümerin des Grundstücks im Grundbuch gemäß § 873 Abs. 1 **eingetragen** worden.

c) Ferner waren sich G und die von G vertretene, eigene GmbH gemäß § 873 Abs. 1 **im Zeitpunkt der Eintragung auch noch einig** darüber, dass das Grundstück künftig der GmbH zustehen soll.

d) Es fehlte G jedoch an der zur Eigentumsübertragung am Grundstück erforderlichen **Berechtigung**. Schließlich war er weder verfügungsbefugter Eigentümer noch verfügungsbefugter Nichteigentümer des Grundstücks.

e) Mangels Berechtigung des G könnte die GmbH, vertreten durch G, daher das Grundstück nur **gutgläubig vom Nichtberechtigten G gemäß § 892 erworben** haben.

aa) Dann müsste die Übereignung des Grundstücks von G auf die GmbH gemäß § 892 zunächst ein **Rechtsgeschäft** im Sinne eines Verkehrsgeschäftes darstellen. Indem G das Grundstück gemäß §§ 873, 925 an die GmbH auflässt, nimmt er ein auf dingliche Rechtsänderung gerichtetes Rechtsgeschäft vor. Mithin liegt durch die Grundstücksübereignung ein Rechtsgeschäft i.S.d. § 892 vor.

Fraglich ist jedoch, ob dieses Rechtsgeschäft auch ein Verkehrsgeschäft i.S.d. § 892 darstellt.

Ein **Verkehrsgeschäft** i.S.d. § 892 ist ein Rechtsgeschäft, bei dem auf der Erwerberseite mindestens eine Person beteiligt ist, die nicht auch auf Veräußererseite beteiligt ist.[87]

Im Hinblick darauf, dass sich hier G und die GmbH als Parteien der Auflassung gegenüber stehen und damit auf der einen Seite G als natürliche Person und auf der anderen Seite die GmbH als juristische Person am Rechtsgeschäft beteiligt ist, liegt rechtlich gesehen ein Verkehrsgeschäft vor. Jedoch ist G als Geschäftsführer und alleiniger Gesellschafter wirtschaftlich gesehen mit der GmbH identisch. Damit auf diesem Wege nicht der von § 892 bezweckte Schutz des wahren Eigentümers umgangen wird, wird nach einhelliger Ansicht das Vorliegen eines Verkehrsgeschäftes insbeson-

Beachte: Sinn und Zweck dieser Betrachtungsweise ist, dass auch bei Gutgläubigkeit des Geschäftsführers oder Vorstands der Gesellschaft letztere kein Eigentum erwerben können soll.

---

87 RGZ 126, 46, 48; Palandt/Bassenge § 892 Rn. 5; Baur/Stürner Sachenrecht § 23 Rn. 26; Habersack Ex-Rep Sachenrecht Rn. 314, 150.

dere für den Fall verneint, dass ein Alleingesellschafter einer Kapitalgesellschaft eine ihm nicht gehörende Sache übereignet.[88] Es ist daher auch eine wirtschaftliche Betrachtungsweise angezeigt.

Somit liegt kein Rechtsgeschäft im Sinne eines Verkehrsgeschäftes vor.

bb) Folglich hat die GmbH auch nicht gutgläubig vom Nichtberechtigten G das Grundstück nach § 892 erworben.

Mithin ist M materiell-rechtlich Eigentümer des Grundstücks geblieben, sodass die formelle von der materiellen Grundbuchlage abweicht.

Folglich ist das Grundbuch unrichtig.

II. Ferner müsste M als Anspruchsteller auch **materiell-rechtlich Berechtigter**, also Eigentümer des Grundstücks sein. Dies hier der Fall (s.o.).

III. Des Weiteren müsste die GmbH als Anspruchsgegnerin **formell-rechtlich Berechtigte** sein. Die GmbH ist als neue Eigentümerin im Grundbuch eingetragen (formelle Grundbuchlage) und daher auch formell Berechtigte.

Mithin hat M einen Anspruch gegen die GmbH, vertreten durch G, auf Zustimmung zur Berichtigung des Grundbuchs aus § 894.

---

88 RGZ 126, 46, 48 f.; Baur/Stürner Sachenrecht § 23 Rn. 24; Habersack Ex-Rep Sachenrecht Rn. 150.

Fall 19: Gutgläubiger Erwerb einer Eigentumswohnung

Nachdem die Eheleute M und F ihr drittes Kind bekommen haben, benötigen sie mehr Wohnraum für die Familie. Als sie in der Zeitung auf eine ihren Bedürfnissen entsprechend zugeschnittene Eigentumswohnung stoßen, nehmen sie umgehend Kontakt mit dem Verkäufer und eingetragenen Eigentümer E auf. Von ihm erfahren sie, dass er die Wohnung vor langer Zeit von seinem Opa O geerbt und nun keine Verwendung mehr für sie hat. Kurz nach der Auflassung und der Eintragung von M und F als je hälftige Miteigentümer der Eigentumswohnung wird das Testament des O gefunden. Im Testament hatte O den X wirksam als Alleinerben eingesetzt.

Als X davon erfährt, verlangt er von M und F, die mit ihrer Familie gerade eingezogen sind, die sofortige Räumung der Wohnung.

Zu Recht?

X könnte gegenüber M und F einen Anspruch auf Herausgabe (= Räumung) der Wohnung aus §§ 985, (986) haben.

I. Um die Räumung der Wohnung von M und F verlangen zu können, müsste X gemäß § 985 zunächst **Eigentümer** der Wohnung sein.

1. Ursprünglich war O Eigentümer der Wohnung.

2. Mit dem Tode des O ist X als testamentarischer Alleinerbe im Wege gewillkürter Erbfolge nach §§ 1922, 1937 Eigentümer der Wohnung geworden (Grundsatz der Universalsukzession).

3. Fraglich ist indes, ob X sein Eigentum an der Eigentumswohnung durch die – vor der Auffindung des Testaments – erfolgte Übereignung von E an M und F verloren hat.

a) E, M und F haben sich auch i.S.v. §§ 873 Abs. 1, 925 über den Eigentumsübergang geeinigt.
Die Eigentumswohnung ist von E an M und F wirksam **aufgelassen** worden, sodass sie sich auch wirksam i.S.v. §§ 873 Abs. 1, 925 über den Eigentumsübergang an der Wohnung geeinigt haben.

b) Des Weiteren sind M und F, wie von § **873 Abs. 1** vorausgesetzt, auch als neue Eigentümer im Grundbuch **eingetragen** worden.

c) Ferner waren sich E, M und F im Zeitpunkt des Vollrechtserwerbes, also gemäß § 873 Abs. 1 grundsätzlich im Zeitpunkt der Eintragung von M und F, auch einig darüber, dass das Eigentum an der Wohnung von E auf M und F wechseln soll.

d) Zudem müsste E auch zur Eigentumsübertragung an M und F **berechtigt** gewesen sein.

Berechtigt ist der verfügungsbefugte Eigentümer oder der verfügungsbefugte Nichteigentümer, der vom wahren Rechtsinhaber zur Verfügung gemäß § 185 Abs. 1 ermächtigt oder aber gesetzlich verfügungsbefugt ist.

Wohnungseigentum richtet sich nach dem Gesetz über das Wohnungseigentum und das Dauerwohnrecht (WEG) und wird im Wesentlichen wie Grundstückseigentum behandelt.

Während sich die originäre Einräumung und auch die Aufhebung von Wohnungseigentum nach §§ 4 Abs. 1, 2 WEG, 873 Abs. 1, 925 richtet, wird bestehendes Wohnungseigentum nur nach §§ 873 Abs. 1, 925 als „Recht an einem Grundstück" übertragen.

57

Jedoch war E weder verfügungsbefugter Eigentümer noch verfügungsbefugter Nichteigentümer der Wohnung. Mit dem Tode des O ist die Wohnung im Wege der Universalsukzession gemäß §§ 1922, 1937 auf den testamentarischen Alleinerben X übergegangen.

Wohnungseigentum ist „echtes Eigentum" i.S.d. § 903 und kann gutgläubig nach § 892 erworben werden.[89]

e) Mangels Berechtigung des E könnten M und F daher das Wohnungseigentum, das echtes Eigentum i.S.v. § 903 ist, nur **gutgläubig vom Nichtberechtigten E nach § 892** erworben haben.

aa) Die Übereignung der Wohnung von E an die Eheleute M und F erfolgte, wie für einen gutgläubigen Erwerb nach § 892 erforderlich, durch ein **Rechtsgeschäft i.S.e. Verkehrsgeschäftes**.

bb) Des Weiteren müsste das **Grundbuch gemäß § 892 unrichtig** gewesen sein.

Das ist der Fall, wenn die formelle Grundbuchlage mit der materiellen Grundbuchlage nicht übereinstimmt. Dies ist insbesondere dann der Fall, wenn die durch den Grundbuchinhalt dargestellte Rechtslage bzgl. des Eigentums, den beschränkt dinglichen Rechten und solchen an ihnen nach Bestand, Rechtsinhalt und Rechtsinhaberschaft nicht mit der wirklichen Rechtslage übereinstimmt.[90]

Zum Zeitpunkt der Eintragung von M und F war E als Eigentümer der dem testamentarischen Alleinerben X gehörenden Wohnung im Grundbuch eingetragen, sodass die formelle Grundbuchlage mit der materiellen Grundbuchlage nicht übereinstimmt.

Mithin ist das Grundbuch gemäß § 892 unrichtig.

cc) Darüber hinaus müsste sich der über das Wohnungseigentum verfügende E gemäß § 892 auch aufgrund der Grundbuchlage als zur Verfügung über das Wohnungseigentum berechtigt **legitimieren**.

Als eingetragener Eigentümer legitimierte sich E zur Verfügung über das Wohnungseigentum aufgrund der Grundbuchlage gemäß § 892.

dd) Ferner müssten die Erwerber M und F beim Wohnungseigentumserwerb gemäß § 892 gutgläubig gewesen sein.

Anders als bei beweglichen Sachen (§ 932 Abs. 2) schadet bei unbeweglichen Sachen (§ 892 Abs. 1) nur die positive Kenntnis.[91]

Die Gutgläubigkeit des Erwerbers wird gemäß § 892 Abs. 1 vermutet („es sei denn") und ist gemäß § 892 Abs. 1 S. 1 nur ausgeschlossen, wenn ihm die Unrichtigkeit des Grundbuchs bekannt ist.

M und F wussten nichts von der Unrichtigkeit des Grundbuchs. Sie gingen vielmehr davon aus, dass E auch der wahre Eigentümer der Eigentumswohnung ist, so wie es im Grundbuch eingetragen war. Eine Erkundigungs-

---

89 Vgl. BGHZ 109, 179, 183.
90 RGZ 132, 419; 163, 62; BGH NJW 1969, 93; Staudinger/Gursky § 894 Rn. 20; Palandt/Bassenge § 894 Rn. 2.
91 S. zur Wissenszurechnung: Petersen Jura 2008, 914 ff.

pflicht des Erwerbers besteht ohnehin nicht[92] und selbst bei zweifelhafter Lage ergäbe sich die Kenntnis der Unrichtigkeit nicht schon aus der Kenntnis der sie begründenden Tatsachen.[93]

Somit waren M und F gemäß § 892 gutgläubig.

ee) Des Weiteren ist auch **kein Widerspruch** gegen die Richtigkeit des Grundbuchs gemäß § 899 im Grundbuch eingetragen.

f) Mithin haben M und F das Wohnungseigentum vom Nichtberechtigten E gemäß § 892 gutgläubig erworben.

II. Folglich hat X sein Wohnungseigentum durch die Übereignung von E an M und F gemäß §§ 873 Abs. 1, 925 verloren und kann daher von M und F nicht die Räumung der Wohnung verlangen.

Somit hat X gegenüber M und F keinen Anspruch auf Herausgabe (= Räumung) der Wohnung aus §§ 985, (986).

---

92 BayObIG NJW-RR 1989, 907, 909; Palandt/Bassenge § 892 Rn. 24.
93 RGZ 156, 122, 128; Palandt/Bassenge § 892 Rn. 24.

Fall 20: Der Gutglaubensschutz bei Verfügungsbeschränkungen nach § 892 Abs. 1 S. 2

A ist als rechtmäßiger Eigentümer eines Grundstücks im Grundbuch eingetragen. Seine Spielsucht hat ihn in den Ruin getrieben, sodass eines Tages über sein Vermögen das Insolvenzverfahren eröffnet und im Grundbuch vermerkt wird. Gleichwohl kann A nicht vom Glücksspiel lassen und gewinnt eines Tages tatsächlich beim Roulette einer staatlichen Spielbank eine Million Euro. Von allen Geldsorgen befreit, veranlasst er die Aufhebung des Insolvenzverfahrens, was aber im Grundbuch nicht eingetragen wird. Dem nunmehr amtsenthobenen Insolvenzverwalter I missfällt der plötzliche Reichtum des A, sodass er aus purer Boshaftigkeit das Grundstück des A unter Vorlage eines Grundbuchauszuges an B verkauft.

Nach Auflassung und Eintragung des B, der die ganze Zeit über völlig ahnungslos war, erfährt A von dem Vorgehen des I. Er klärt B über die Amtsenthebung des I auf und verlangt umgehend die Berichtigung des Grundbuchs.

Kann A von B Zustimmung zur Berichtigung des Grundbuchs verlangen?

A könnte gegenüber B einen Anspruch auf Zustimmung zur Berichtigung des Grundbuchs aus § 894 haben.

I. Dann müsste zunächst das **Grundbuch unrichtig** sein.

Das ist der Fall, wenn die formelle Grundbuchlage mit der materiellen Grundbuchlage nicht übereinstimmt. Dies wiederum ist insbesondere dann der Fall, wenn die durch den Grundbuchinhalt dargestellte Rechtslage bzgl. Eigentum, beschränkt dinglichen Rechten und solchen an ihnen nach Bestand, Rechtsinhalt und Rechtsinhaberschaft nicht mit der wirklichen Rechtslage übereinstimmt.[94]

1. Die **formelle Grundbuchlage** weist den B nach entsprechender Eintragung als neuen Eigentümer des Grundstücks aus.

2. Fraglich ist mit Blick auf die **materielle Grundbuchlage**, wer materiell-rechtlich **Eigentümer** des Grundstücks ist.

Der ursprüngliche Eigentümer A könnte durch die eigenmächtige Übereignung des I an B sein Eigentum am Grundstück gemäß §§ 873 Abs. 1, 925 verloren haben.

a) Dazu müsste sich der Insolvenzverwalter I zunächst wirksam mit B i.S.d. §§ 873 Abs. 1, 925 über die Grundstücksübertragung geeinigt haben. Indem I das Grundstück formgerecht an B **aufgelassen** hat, ist dies hier der Fall.

b) Zudem ist B gemäß § 873 Abs. 1 als neuer Eigentümer des Grundstücks im Grundbuch **eingetragen** worden.

---

94 RGZ 132, 419; 163, 62; BGH NJW 1969, 93; Staudinger/Gursky § 894 Rn. 20; Palandt/Bassenge § 894 Rn. 2.

c) Darüber hinaus waren sich I und B im Zeitpunkt des Vollrechtserwerbs, also gemäß § 873 Abs. 1 grundsätzlich im Zeitpunkt der Eintragung, auch noch **einig** darüber, dass das Eigentum am Grundstück auf B übergehen soll.

d) Ferner müsste der Insolvenzverwalter I zur Eigentumsübertragung am Grundstück auch **berechtigt** gewesen sein.

Berechtigt ist der verfügungsbefugte Eigentümer oder der verfügungsbefugte Nichteigentümer, der vom wahren Rechtsinhaber zur Verfügung gemäß § 185 Abs. 1 ermächtigt oder aber gesetzlich verfügungsbefugt ist.

Jedoch war I weder verfügungsbefugter Eigentümer noch verfügungsbefugter Nichteigentümer, der vom wahren Rechtsinhaber A zur Verfügung nach § 185 Abs. 1 ermächtigt oder aber nach § 80 Abs. 1 InsO gesetzlich verfügungsbefugt ist (*vgl. dazu Fall 10*). Schließlich war noch vor Aufnahme der Vertragsverhandlungen zwischen I und B das Insolvenzverfahren nach § 212 S. 1 InsO wegen Wegfalls des Eröffnungsgrundes bereits wieder eingestellt worden, sodass A mit der Einstellung nach § 215 Abs. 2 InsO das Recht zurückerhält, über die Insolvenzmasse frei zu verfügen. Somit ist dem Insolvenzverwalter I die Verfügungsbefugnis entzogen.

Mithin ist der Insolvenzverwalter I zur Eigentumsübertragung am Grundstück nicht berechtigt.

e) Mangels Berechtigung des I könnte B daher das Grundstück nur gutgläubig vom Nichtberechtigten I nach § 892 erworben haben.

aa) Das nach § 892 erforderliche **Rechtsgeschäft i.S.e. Verkehrsgeschäftes** liegt infolge der dinglichen Einigung über die Grundstücksübertragung zwischen I und B vor.

bb) Ferner müsste das **Grundbuch** gemäß § 892 **unrichtig** sein.

Aus dem Grundbuch ist zurzeit noch immer die Durchführung eines Insolvenzverfahrens und damit die Verfügungsbefugnis des I ersichtlich. Nach zwischenzeitlicher Einstellung des Insolvenzverfahrens entspricht dies jedoch nicht mehr der wahren Rechtslage.
Mithin ist das Grundbuch unrichtig.

cc) Darüber hinaus **legitimiert** sich I, wie für einen gutgläubigen Eigentumserwerb nach § 892 erforderlich, auch als verfügungsbefugter Nichteigentümer kraft des Grundbuchinhaltes.

dd) Ferner müsste der Erwerber B gemäß § 892 **gutgläubig** sein.

Die Gutgläubigkeit des Erwerbers wird gemäß § 892 Abs. 1 vermutet („es sei denn") und ist gemäß § 892 Abs. 1 S. 1 nur ausgeschlossen, wenn ihm die Unrichtigkeit des Grundbuchs bekannt ist.

Die Vorlage des Grundbuchauszuges ist für die Legitimation nicht erforderlich, es reicht die Tatsache der Eintragung als Insolvenzverwalter.

Merke:
Der gutgläubige Erwerb bei bestehender Verfügungsbeschränkung (z.B. §§ 161, 1984, 2113, 2211; §§ 21 Abs. 2 Nr. 2, 80 Abs. 1 i.V.m. 81 Abs. 1 InsO) wird von § 892 Abs. 1 S. 2 abschließend geregelt.

Dabei bezieht sich der Gutglaubensschutz gemäß § 892 Abs. 1 S. 1 auf **eingetragene Rechte** und gemäß § 892 Abs. 1 S. 2 auf **nicht eingetragene und gelöschte relative Verfügungsbeschränkungen**.

Ist der Berechtigte in der Verfügung über ein im Grundbuch eingetragenes Recht zugunsten einer bestimmten Person beschränkt, so ist die Beschränkung dem Erwerber gegenüber nach § 892 Abs. 1 S. 2 nur wirksam, wenn sie aus dem Grundbuch ersichtlich ist. Das bedeutet, dass der Erwerber immer nur dann nach § 892 Abs. 1 S. 2 gutgläubig erwerben kann, wenn es dem Grundbuch nach keinerlei Anhaltspunkte für eine relative Verfügungsbeschränkung gibt. **Es wird also nur der gute Glaube daran, dass keine Beschränkung für den Berechtigten besteht, geschützt.** Sobald eine Verfügungsbeschränkung eingetragen ist, scheidet ein gutgläubiger Erwerb mithin aus.

B war hinsichtlich des eigenmächtigen Handelns des I während der gesamten Übereignung völlig ahnungslos. Er glaubte an die Berechtigung des I, über das Grundstück des A verfügen zu dürfen. Darauf kann B sich, wie zuvor dargelegt, wegen des Schutzzwecks des § 892 Abs. 1 S. 2 aber nicht berufen. Aus dem Wortlaut des § 892 Abs. 1 S. 2 ergibt sich, dass ausschließlich der gute Glaube an das Nichtbestehen einer Verfügungsbeschränkung und nicht an das Bestehen einer eingetragenen Verfügungsbeschränkung geschützt werden soll.

Folglich ist § 892 Abs. 1 S. 2 hier nicht einschlägig, sodass B nicht gutgläubig i.S.d. § 892 ist.

Damit hat B das Grundstückseigentum nicht gutgläubig vom Nichtberechtigten I nach § 892 erworben.

ee) A ist folglich Eigentümer des Grundstücks geblieben, sodass die materielle Grundbuchlage mit der formellen Grundbuchlage nicht übereinstimmt.

Mithin ist das Grundbuch gemäß § 894 unrichtig.

II. Ferner müsste der Anspruchsteller A materiell Berechtigter sein.
A ist materiell-rechtlich verfügungsbefugter Eigentümer seines Grundstücks (s.o.) und damit auch materiell Berechtigter.

III. Zudem müsste B als Anspruchsgegner formell Berechtigter sein.
Nach seiner Eintragung weist das Grundbuch B als neuen Eigentümer des Grundstücks und damit als formell Berechtigten aus.

IV. Folglich hat A gegenüber B einen Anspruch auf Zustimmung zur Berichtigung des Grundbuchs aus § 894.

Fall 21: Die Eintragung eines Widerspruchs gegen die Richtigkeit des Grundbuchs

Um sich wenigstens einmal im Leben als Hauseigentümer zu fühlen, trägt sich der Grundbuchbeamte G zu Unrecht als Eigentümer eines unbewohnten Hausgrundstücks im Grundbuch ein. Das Grundstück verkauft er dann formgerecht an den gutgläubigen X und lässt es bei gleichzeitiger Anwesenheit beider Teile vor der zuständigen Stelle an ihn auch auf.

Zu seinem Glück erfährt der wahre Eigentümer E kurz vor der Eintragung des X von der Amtspflichtverletzung des G. Umgehend erwirkt E per einstweiliger Verfügung die Eintragung eines Widerspruchs gegen die Richtigkeit des Grundbuchs. Zwischenzeitlich ist jedoch X nach Rücksprache mit G schon in das leerstehende Haus eingezogen.

Von E über die Vorgänge aufgeklärt, entgegnet X, dass dem Grundbuchamt sein Eintragungsantrag bereits vorläge und er doch noch bei Stellung desselben gutgläubig gewesen sei. Er rechne daher beinahe stündlich mit der Nachricht vom Grundbuchamt über seine Eintragung, auch wenn dort G bislang weder die Auflassungserklärungen vorgelegt noch einen Eintragungsantrag gestellt habe.

Ist X – im Falle einer späteren Eintragung – Eigentümer des Grundstücks geworden?

Wird das Grundbuchamt den X überhaupt als neuen Eigentümer des Hausgrundstücks im Grundbuch eintragen?

1. Teil: Eigentümerstellung des X

I. Ursprünglich war E Eigentümer des Hausgrundstücks.

II. E könnte sein Eigentum jedoch an X verloren haben, falls G das Hausgrundstück gemäß §§ 873 Abs. 1, 925 wirksam an X übereignet hat.

1. Dazu müssten sich G und X zunächst wirksam i.S.d. **§§ 873 Abs. 1, 925** über die Grundstücksübertragung geeinigt haben. Indem G das Grundstück bei gleichzeitiger Anwesenheit beider Teile vor der zuständigen Stelle an X **aufgelassen** hat, ist dies hier geschehen.

2. Ferner müsste X auch als neuer Eigentümer im Grundbuch gemäß § 873 Abs. 1 **eingetragen** worden sein.

Zwar ist X bislang noch nicht als neuer Grundstückseigentümer im Grundbuch eingetragen, aber mit Blick auf die Fallfrage („im Falle einer späteren Eintragung") ist hier vom Vorliegen des Eintragungserfordernisses gemäß § 873 Abs. 1 auszugehen.

3. Darüber hinaus müssten sich G und X im Zeitpunkt des Vollrechtserwerbs, also gemäß § 873 Abs. 1 grundsätzlich im Zeitpunkt der Eintragung, auch noch **einig** gewesen sein darüber, dass das Eigentum am Grundstück auf X übergehen soll.

Zwar ist eine Eintragung bislang noch nicht erfolgt, aber von einem Widerruf im Verhältnis Veräußerer G zum Erwerber X im Zeitpunkt der Eintragung ist vorliegend nicht auszugehen, da G das Grundstück unbedingt an X übereignen möchte.

Somit ist mit Blick auf die Fallfrage (*„im Falle einer späteren Eintragung"*) hier ebenfalls vom Vorliegen des Einigseins gemäß § 873 Abs. 1 auszugehen.

4. Ferner müsste G zur Eigentumsübertragung am Grundstück auch **berechtigt** gewesen sein.

Berechtigt ist der verfügungsbefugte Eigentümer oder der verfügungsbefugte Nichteigentümer, der vom wahren Rechtsinhaber zur Verfügung gemäß § 185 Abs. 1 ermächtigt oder aber gesetzlich verfügungsbefugt ist.

G war jedoch weder verfügungsbefugter Eigentümer noch verfügungsbefugter Nichteigentümer des Hausgrundstücks und somit zur Eigentumsübertragung an X nicht berechtigt.

5. Mangels Berechtigung des G könnte X das Eigentum an dem Grundstück nur **gutgläubig** vom Nichtberechtigten G nach § 892 erworben haben.

a) Das gemäß § 892 zunächst erforderliche **Rechtsgeschäft im Sinne eines Verkehrsgeschäftes** zwischen G und X liegt vor.

b) Ferner müsste nach § 892 das **Grundbuch unrichtig** sein.

Der Inhalt des Grundbuchs, in dem der G als Eigentümer eingetragen ist, stimmt mit der wahren Rechtslage, wonach E Eigentümer des Grundstücks ist, nicht überein, sodass das Grundbuch unrichtig ist.

c) Ferner müsste sich G gemäß § 892 zur Verfügung über das Grundstückseigentum aufgrund der Grundbuchlage **legitimiert** haben.

Indem G sich selber als Eigentümer im Grundbuch eingetragen hat, konnte er sich bei der Verfügung gegenüber X aufgrund der Grundbuchlage legitimieren.

d) Darüber hinaus müsste X auch hinsichtlich der Eigentümerstellung des G **gutgläubig** sein. Maßgeblicher Zeitpunkt für die Gutgläubigkeit ist grundsätzlich der Zeitpunkt des Vollrechtserwerbs. Damit käme es hier auf den Zeitpunkt der Eintragung des X ein. Zu diesem Zeitpunkt wäre X jedoch bereits über die Unrichtigkeit des Grundbuchs informiert. Er könnte dann nicht mehr gutgläubig sein.

Nach § 892 Abs. 2, **Var. 1** kommt es jedoch ausnahmsweise für die Gutgläubigkeit auf den Zeitpunkt der Stellung des Eintragungsantrags an, wenn zu dem Rechtserwerb die Eintragung erforderlich ist. Letzteres ist hier der Fall. Demnach ist maßgeblicher Zeitpunkt hier der Eintragungsantrag. Zu diesem Zeitpunkt wusste X noch nicht, dass G fälschlicherweise als Eigentümer eingetragen ist.

X war somit zum maßgeblichen Zeitpunkt gutgläubig i.S.d. § 892.

e) Ferner dürfte **kein Widerspruch nach § 899** gegen die Richtigkeit des Grundbuchs eingetragen worden sein.

Ein Widerspruch gegen die Richtigkeit des Grundbuchs muss wirksam für den wahren Berechtigten eingetragen und begründet sein.[95] E erwirkte als wahrer Eigentümer, noch bevor X eingetragen werden konnte, per einstweiliger Verfügung nach § 899 Abs. 2 die Eintragung eines begründeten Widerspruchs gegen die Richtigkeit des Grundbuchs.

Fraglich ist jedoch, wie sich die Eintragung des Widerspruchs darauf auswirkt, dass der X gemäß § 892 Abs. 2 Hs. 1 im Zeitpunkt der Antragstellung auf Eintragung als Eigentümer noch gutgläubig gewesen ist.

Schließlich soll die Eintragung eines Widerspruchs bei unrichtigem Grundbuch vor einem Rechtsverlust schützen. Der Widerspruch ist daher ein Sicherungsmittel eigener Art, aber kein dingliches Recht.[96] Daher kommt es auch nicht auf die Gutgläubigkeit zum Zeitpunkt des Eintragungsantrags an, wenn später ein Widerspruch gegen die Richtigkeit des Grundbuchs eingetragen wird. Nur die tatsächliche Eintragung des Widerspruchs vor der Eintragung eines neuen Eigentümers ist entscheidend.[97] Dafür spricht auch der Wortlaut des § 892 Abs. 2. Dieser bezieht sich explizit nur auf die Gutgläubigkeit und nicht auf den Widerspruch.

Somit ist gemäß § 899 wirksam ein Widerspruch für den wahren Berechtigten E eingetragen und begründet worden.

III. Mithin hat X das Grundstückseigentum nicht gemäß § 892 gutgläubig vom Nichtberechtigten G erworben.

Folglich ist E Eigentümer des Grundstücks geblieben.

2. Teil: Eintragung des X

Das Grundbuchamt wird X gleichwohl dann als neuen Eigentümer des Grundstücks in das Grundbuch eintragen, wenn dafür die Voraussetzungen einer **rechtsändernden Eintragung** nach der Grundbuchordnung (GBO) vorliegen:

I. Zunächst ist dafür ein **Eintragungsantrag des Antragsberechtigten gemäß § 13 GBO** erforderlich.

Antragsberechtigt ist gemäß § 13 Abs. 1 S. 2 GBO der unmittelbar Betroffene, dessen dingliche Rechtsstellung durch die Eintragung einen Verlust erleidet oder einen Gewinn erfährt.

X hat einen Antrag auf Eintragung als neuer Eigentümer des Grundstücks gestellt. Im Falle der Eintragung erfährt seine dingliche Rechtsstellung einen Gewinn, sodass er zur Stellung des Antrags auch gemäß § 13 Abs. 1 S. 2 GBO berechtigt ist.

Mithin liegt ein wirksamer Eintragungsantrag des antragsberechtigten X vor.

Merke:
Währen das **BGB** die Frage beantwortet, **ob** jemand als Eigentümer einzutragen ist, regelt die **GBO**, **wie** ein Eigentümer letztlich im Grundbuch eingetragen wird.

---

95 RGZ 128, 52, 54 f.; Palandt/Bassenge § 892 Rn. 23.
96 Palandt/Bassenge § 899 Rn. 1.
97 Palandt/Bassenge § 892 Rn. 23.

II. Ferner müsste grundsätzlich die **Eintragungsbewilligung des Betroffenen G gemäß § 19 GBO** vorliegen (sog. **formelles Konsensprinzip**).[98] Jedoch muss bei der Eigentumsübertragung ausnahmsweise die dingliche Einigung i.S.d. §§ 873 Abs. 1, 925 (= Auflassung) gemäß § 20 GBO nachgewiesen werden (sog. **materielles Konsensprinzip**).[99] Daneben ist dann eine Eintragungsbewilligung nicht mehr erforderlich, sei es, dass man in der Auflassung die Eintragungsbewilligung als „miterteilt" ansieht,[100] sei es, dass man mangels gegenteiliger Erklärung die Auflassungserklärung dahingehend entsprechend auslegt.[101]

Dem Grundbuchamt liegt hier zumindest die Auflassungserklärung des G aber noch nicht vor.

Folglich sind die Anforderungen des § 20 GBO bislang noch nicht erfüllt und damit ist die Auflassung gegenüber dem Grundbuchamt nicht nachgewiesen worden.

III. Somit liegen die Voraussetzungen einer rechtsändernden Eintragung nach der GBO nicht vor, sodass das Grundbuchamt den X auch nicht als neuen Eigentümer des Grundstücks in das Grundbuch eintragen wird.

---

98 Baur/Stürner Sachenrecht § 16 Rn. 20; Habersack Ex-Rep Sachenrecht Rn. 283.
99 Vgl. RGZ 141, 374, 376; Baur/Stürner Sachenrecht § 16 Rn. 20; Habersack Ex-Rep Sachenrecht Rn. 283.
100 Vgl. RGZ 141, 374, 376.
101 Baur/Stürner Sachenrecht § 16 Rn. 36.

3. Teil: Die Vormerkung

Fall 22: Die Auflassungsvormerkung (Ersterwerb)

Verleger V, Inhaber des Klatschmagazins „Das silberne Blättchen", ist Eigentümer eines Grundstücks in Münster, das mit einem Mietshaus bebaut ist. Sein Neffe N studiert Jura in Münster. Da V aufgrund seiner Tätigkeit den Wert eines Juristen in der Familie für unschätzbar hält, beschließt er, dem N das Eigentum an dem Grundstück zu übertragen, damit dieser aus den Mieteinnahmen seinen Lebensunterhalt bestreiten kann.

Zu diesem Zweck schließen V und N einen notariellen Vertrag, in dem u.a. festgelegt wird, dass V für den Fall eines Studienabbruchs des N die Rückübertragung des Grundstücks verlangen kann. Ende 2012 wird N als Grundstückseigentümer in das Grundbuch eingetragen. Daneben wird auf Bewilligung des N eine Rückauflassungsvormerkung zugunsten des V eingetragen.

Im März 2016 exmatrikuliert sich N, um sein Leben in Zukunft ganz seinem Lieblingsfußballverein widmen zu können. Um das Geld für seine Fußballreisen aufbringen zu können, veräußert er das Grundstück am 02.04.2016 formgerecht an D. Dieser wird als Eigentümer in das Grundbuch eingetragen. V ist empört. Er fordert D auf, das Grundstück herauszugeben, was dieser verweigert.

V möchte nunmehr wissen, ob er gegen D oder N vorgehen kann, um das Grundstück zurückzubekommen.

A. Ansprüche des V gegen N

V könnte gegenüber N einen Anspruch auf die Rückauflassung des Grundstücks aus der Vereinbarung im Übertragungsvertrag nach § 311 Abs. 1 haben.

I. Anspruch entstanden

1. Dazu müssten sich V und N zunächst i.S.d. § 311 Abs. 1 darüber **geeinigt** haben, dass V von N (unter bestimmten Umständen) die Rückauflassung des Grundstücks verlangen kann.

Im notariellen Vertrag haben V und N u.a. vereinbart, dass V einen Anspruch auf Rückübertragung des Grundstücks haben sollte, sobald N das Studium abbrach. Dabei handelt es sich um einen atypischen Vertrag, der nicht unter einen der Vertragstypen des BGB fällt. Auch solche Vereinbarungen können nach § 311 Abs. 1 wirksam getroffen werden.

Somit haben sich V und N gemäß § 311 Abs. 1 darüber geeinigt, dass V von N im Falle des Eintritts einer aufschiebenden Bedingung (§ 158 Abs. 1) die Rückauflassung des Grundstücks verlangen kann.

2. Darüber hinaus müsste diese Einigung auch wirksam sein.

Die **Rückauflassung** ist eine normale Auflassung i.S.d. §§ 873 Abs. 1, 925. Da es sich hierbei aber um die **Rück**übertragung des Eigentums handelt, spricht man von **Rück**auflassung.

a) Die Einigung, auf die zum Schutze der beteiligten Verkehrskreise die **Formvorschrift des § 311 b Abs. 1 (analog)**[102] angewandt wird, ist notariell beurkundet worden und somit formgerecht zustande gekommen. Eine Formnichtigkeit gemäß § 125 S. 1 i.V.m. § 311 b Abs. 1 (analog) liegt nicht vor.

b) Ferner ist der für die Wirksamkeit der Einigung erforderliche **Bedingungseintritt** gemäß § 158 Abs. 1 gegeben. Aufgrund der Exmatrikulation des N im März 2016 ist die aufschiebende Bedingung für die Entstehung des Rückauflassungsanspruchs eingetreten.

Somit ist die Einigung auch wirksam und folglich der Anspruch auf die Rückauflassung des Grundstücks aus der Vereinbarung im Übertragungsvertrag nach § 311 Abs. 1 entstanden.

II. Anspruch nicht untergegangen

Ferner dürfte der Anspruch nicht untergegangen sein.

Infolge der Veräußerung des Grundstücks durch N an D könnte der Anspruch nach § 275 Abs. 1 Var. 1 untergegangen sein.

1. Dazu müsste die Erfüllung des Anspruchs für N subjektiv unmöglich sein. Subjektive Unmöglichkeit liegt unter anderem dann vor, wenn der Schuldner für die Erfüllung des Anspruchs der Mitwirkung eines Dritten bedürfte, diese aber verweigert wird.[103]

Infolge der Veräußerung des Grundstücks hat N die Verfügungsbefugnis verloren. D verweigert die Herausgabe des Grundstücks.

Damit ist die Rückübertragung des Grundstücks für N an sich subjektiv unmöglich.

Die Vormerkung löst keine Grundbuchsperre aus.
Der Schuldner kann wirksam als Berechtigter vormerkungswidrige Verfügungen vornehmen.
Nur dem gesicherten Vormerkungsgläubiger gegenüber hat eine solche Verfügung keine Wirksamkeit = **relative Unwirksamkeit**.

2. Die Veräußerung des Grundstücks an den D könnte aber nach § 883 Abs. 2 S. 1 dem V gegenüber **(relativ) unwirksam** sein.

a) Das setzt voraus, dass zugunsten des V gemäß §§ 883 Abs. 1, 885 eine wirksame Vormerkung **bestellt** wurde (Ersterwerb).

aa) V müsste einen **sicherungsfähigen Anspruch** haben. Eine Vormerkung kann nach § 883 Abs. 1 nur für schuldrechtliche Ansprüche auf dingliche Rechtsänderung an einem Grundstück bestellt werden.

Der Anspruch des V auf die Rückübertragung des Grundstücks aus dem Übertragungsvertrag mit N ist ein solcher Anspruch.

Problematisch erscheint insoweit, dass der Anspruch nach § 158 Abs. 1 aufschiebend bedingt war.

Zwar erweitert § 883 Abs. 1 S. 2 den Kreis der sicherungsfähigen Ansprüche auf künftige und bedingte Ansprüche. Es ist jedoch anerkannt, dass nur solche künftigen und bedingten Ansprüche vormerkungsfähig sind, für die der Rechtsboden bereits bereitet ist.[104] Der Rechtsboden ist im vorgenannten Sinne bereits bereitet, wenn der Schuldner eine rechtliche Bin-

---

102 Vgl. BGH NJW-RR 2008, 824; Palandt/Grüneberg § 311 b Rn. 11.
103 Palandt/Grüneberg § 275 Rn. 25; Schulze/Ebers JuS 2004, 265, 265 f.
104 Vgl. Palandt/Bassenge § 883 Rn. 14, 17.

dung nicht mehr einseitig verhindern kann.[105] Ansonsten bestünde die Gefahr der Überfrachtung des Grundbuchs mit Ansprüchen, die unter Umständen nie zur Entstehung gelangen. Das käme dann einer faktischen Aufhebung der Verkehrsfähigkeit der Grundstücke gleich, sodass nicht bestehende Ansprüche, die weder künftige noch bedingte sind, nicht vormerkbar und somit gegenstandslos sind, wobei die Existenz des zu sichernden Anspruchs vom Grundbuchamt nur hinsichtlich der einzuhaltenden Form geprüft wird.[106]

Vorliegend war die Entstehung des Anspruchs auf Rückübertragung von dem Ausbleiben eines bestimmten Verhaltens des N abhängig. Dem N blieb zur Verhinderung des Bedingungseintritts nur, sein Verhalten so auszurichten, dass die Bedingung nicht eintritt (sog. **Potestativbedingung**).[107] Eine einseitige Entziehung der rechtlichen Bindung war nicht möglich.

Folglich stellt der Anspruch des V gegen N aus dem Übergabevertrag einen sicherungsfähigen Anspruch i.S.d. § 883 Abs. 1 dar.

bb) Des Weiteren ist die Vormerkung von N als demjenigen, dessen Grundstück von der Vormerkung betroffen wird, **gemäß § 885 Abs. 1 S. 1 bewilligt** worden.

cc) Zudem ist die Vormerkung, wie nach § 885 Abs. 1 S. 1 erforderlich, in das Grundbuch **eingetragen** worden.

dd) Ferner müsste N auch zur Bewilligung der Vormerkung **berechtigt** gewesen sein.

Berechtigt zur Bewilligung der Vormerkung ist nach § 885 Abs. 1 der von der Vormerkung Betroffene. Betroffener in diesem Sinne ist der wahre Inhaber des Rechts, das durch die Vormerkung beeinträchtigt wird.[108]
Als Eigentümer des Grundstücks war N von der Vormerkung zugunsten des V betroffen.

Damit liegt eine wirksame Rückauflassungsvormerkung zugunsten des V i.S.d. §§ 883, 885 vor.

b) Die Übertragung des Eigentums durch N auf D müsste den Anspruch des V auf Rückübertragung vereiteln oder beeinträchtigen (**vormerkungswidrige Verfügung**).

In der Belastung des Grundstücks mit einem Fremdrecht liegt grundsätzlich stets eine Beeinträchtigung des vorgemerkten Rechts.[109]
Die Eigentumsübertragung auf D stellt demnach eine Beeinträchtigung des vorgemerkten Anspruchs des V dar.

---

105 Baur/Stürner Sachenrecht § 20 Rn. 22.
106 RGZ 65, 260, 261; BGH NJW 2000, 805, 806; MünchKomm/Kohler § 883 Rn. 22.
107 Vgl. Palandt/Ellenberger vor § 158 Rn. 10.
108 Staudinger/Gursky § 885 Rn. 15.
109 Palandt/Bassenge § 883 Rn. 20.

c) Folglich ist die Eigentumsübertragung des N auf D gemäß § 883 Abs. 2 S. 1 gegenüber V unwirksam, sodass die Rückauflassung des Grundstücks an V dem N daher nicht nach § 275 Abs. 1 subjektiv unmöglich ist.

Mithin ist der Anspruch des V auch nicht untergegangen.

III. Anspruch durchsetzbar

Mangels entgegenstehender Einreden des N ist der Anspruch des V auch durchsetzbar.

Somit hat V gegen N einen Anspruch auf Rückauflassung des Grundstücks aus dem Übertragungsvertrag aus § 311 Abs. 1.

B. Ansprüche des V gegen D

Ferner könnten V darüber hinaus auch noch Ansprüche gegenüber D zustehen.

I. Anspruch aus §§ 985, (986)

Ein Anspruch des V gegenüber D auf Herausgabe des Grundstücks nach §§ 985, (986) scheitert an der hierfür erforderlichen Vindikationslage.
Zwar war V ursprünglich Eigentümer des Grundstücks, aber er hat es durch Übertragung auf N nach §§ 873, 925 verloren. Die Vormerkung hat nicht die Wirkung, dass das Eigentum an dem Grundstück automatisch an V zurückfällt.

II. Anspruch aus § 894

Ein Anspruch des V gegenüber D auf Zustimmung zur Berichtigung des Grundbuchs gemäß § 894 scheitert an der fehlenden Unrichtigkeit des Grundbuchs.
Das Grundbuch weist den D als Eigentümer des Grundstücks aus, der materiell-rechtlich das Eigentum von N wirksam erlangt hat. Die Vormerkung zugunsten des V hat die Verfügungsbefugnis weder beseitigt noch ist durch die Sicherungswirkung der Vormerkung nach § 883 Abs. 2 der Eigentumserwerb des D gehindert. § 883 Abs. 2 statuiert lediglich eine relative Unwirksamkeit vormerkungswidriger Verfügungen, sodass die Verfügungen nur dem Vormerkungsberechtigten gegenüber unwirksam, gegenüber allen anderen Teilnehmern am Rechtsverkehr uneingeschränkt wirksam sind.[110]

Beachte:
Aus § 888 Abs. 1 ergibt sich ein grundbuchrechtlicher Hilfsanspruch.

III. Anspruch aus § 888 Abs. 1

V könnte jedoch gegen D einen Anspruch auf die Zustimmung zur Eintragung der dinglichen Rechtsänderung nach § 888 Abs. 1 haben.

Zugunsten des V besteht eine wirksame Rückauflassungsvormerkung. Die Eigentumsübertragung auf D stellte eine vormerkungswidrige Verfügung dar.

Damit kann V von D die Zustimmung zur dinglichen Rechtsänderung nach § 888 Abs. 1 verlangen.

---

110   BGH NJW 2009, 356; Palandt/Bassenge § 883 Rn. 21; Wolf SachenR Rn. 479.

Anmerkung:

Die Vormerkung kann somit im Prüfungsaufbau insbesondere an zwei Stellen Bedeutung gewinnen:

*Zum einen ist sie bei der Frage zu beachten, ob der durch die Vormerkung Geschützte noch seinen **schuldrechtlichen** Anspruch auf dingliche Rechtsänderung geltend machen kann (s.o. zu § 275 Abs. 1). Die Frage der relativen Unwirksamkeit der Verfügung (§ 883 Abs. 2 S. 1) ist somit innerhalb des Untergangsgrundes Unmöglichkeit zu erörtern.*

Zum anderen ist der eigenständige Anspruch aus § 888 Abs. 1 zu beachten. An welcher Stelle die Voraussetzungen für den Vormerkungserwerb zu erörtern sind, hängt von der Fallfrage und insbesondere vom Anspruchsgegner ab.

Fall 23: Die Auflassungsvormerkung (Zweiterwerb)

Ausgangsfall:

Pensionär P ist Eigentümer eines Hausgrundstücks in einer kleinen Stadt am Niederrhein. Da er seinen Ruhestand in einem Haus in der Toskana genießen möchte, schließt er im Juli 2012 einen notariellen Kaufvertrag mit dem Bundesligahandballer F. Sodann bewilligt P dem F eine Auflassungsvormerkung, die Ende Juli 2012 im Grundbuch eingetragen wird.

Als F vor der Saison kurzfristig zu einem norddeutschen Verein wechselt, tritt er die Ansprüche aus dem Kaufvertrag mit P formlos an seinen Mannschaftskameraden M ab.

Da das von P ins Auge gefasste Haus in der Toskana teurer ist als vorhergesehen, verkauft er das Hausgrundstück im Februar 2013 erneut formgerecht zu einem wesentlich höheren Preis an H, der das Haus immer schon gerne für sich ganz alleine haben wollte. Kurz darauf erklärt P die Auflassung zugunsten des H, der umgehend in das Grundbuch als neuer Eigentümer eingetragen wird.

Kann M von P oder H die Übereignung bzw. Herausgabe des Grundstücks und die Zustimmung zur Berichtigung des Grundbuchs verlangen?

Abwandlung:

Wie wäre es, wenn F den Kaufvertrag mit P zwischenzeitlich wirksam angefochten hätte?

Ausgangsfall

A. Anspruch M gegen P auf Übergabe und Übereignung des Grundstücks aus §§ 433 Abs. 1 S. 1, 398

M könnte mangels Bestehens eines Kaufvertrages zwischen ihm und P nur einen Anspruch auf Übergabe und Übereignung des Grundstücks aus abgetretenem Recht nach §§ 433 Abs. 1 S. 1, 398 haben.

I. Anspruch entstanden

Dazu müsste ein Anspruch auf Übergabe und Eigentumsverschaffung von F zunächst wirksam an M nach § 398 abgetreten worden sein.

1. Dazu müssten sich F und M zunächst i.S.d. **§ 398 wirksam (über die Abtretung) geeinigt** haben.

F und M haben sich über die Abtretung der Ansprüche aus dem Kaufvertrag geeinigt.

Diese Einigung könnte jedoch nach § 125 S. 1 i.V.m. § 311 b Abs. 1 S. 1 unwirksam sein. Dazu müsste es sich bei der Einigung um einen Vertrag handeln, durch den sich der eine Teil verpflichtet, Eigentum an einem Grundstück zu übertragen oder zu erwerben. Die Abtretung selbst ist jedoch kein Verpflichtungs-, sondern ein Verfügungsgeschäft. Demnach beinhaltet die Abtretung auch nicht eine solche Erwerbs- oder Veräußerungsverpflichtung. Durch die Abtretung verpflichtet sich der Erwerber M nicht, das Eigentum am Grundstück zu erwerben. Er erhält lediglich den Anspruch aus § 433 Abs. 1 S. 1. Ferner liegt keine Verpflichtung des F vor, da dieser noch kein Eigentum erworben hat.

Aus diesen Gründen (keine Verpflichtung bzw. unmittelbaren Einfluss auf die Rechtslage am Grundstück) scheidet auch eine analoge Anwendung des § 311 b Abs. 1 S. 1 oder des § 925 auf die Abtretungsvereinbarung aus. Die Abtretung eines Anspruchs auf Eigentumsübertragung an einem Grundstück ist somit formfrei möglich.[111]

Demnach haben sich F und M wirksam i.S.d. § 398 geeinigt.

2. Ferner müsste F zur Übertragung des Anspruchs berechtigt gewesen sein.

Zur Abtretung eines Anspruchs ist jedenfalls der verfügungsbefugte Forderungsinhaber berechtigt[112] *(vgl. dazu Fall 31)*.

Aufgrund des Kaufvertrags mit P hatte F einen Anspruch auf Übergabe und Eigentumsverschaffung gegen P aus § 433 Abs. 1 S. 1 und war damit als verfügungsbefugter Forderungsinhaber zur Abtretung des Anspruchs auch berechtigt.

3. Somit hat F den Anspruch auf Übergabe und Eigentumsverschaffung nach § 433 Abs. 1 wirksam an M abgetreten, sodass der Anspruch des M gegen P gemäß §§ 433 Abs. 1 S. 1, 398 entstanden ist.

II. Anspruch nicht untergegangen

Der Anspruch könnte jedoch nach **§ 275 Abs. 1 Var. 1** wegen subjektiver Unmöglichkeit untergegangen sein.

1. Mit Blick auf die formgerechte Übereignung des Hausgrundstücks an H ist es P nunmehr nur mit Mitwirkung des H möglich, das Eigentum erneut auf den M zu übertragen. Da H das Haus aber immer schon für sich ganz alleine haben wollte, ist davon auszugehen, dass er an einer Eigentumsübertragung auf M nicht mitwirken wird. Damit ist P die Erfüllung der Ansprüche aus dem Kaufvertrag mit F gegenüber M eigentlich nach § 275 Abs. 1 unmöglich geworden.

2. Fraglich ist jedoch, ob die Übereignung des Grundstücks an H dem M gegenüber nach **§ 883 Abs. 2 S. 1** nur (relativ) unwirksam ist.

a) Das setzt gemäß § 883 Abs. 2 S. 1 zunächst den Bestand einer Auflassungsvormerkung zugunsten des M voraus.

aa) Eine Vormerkung ist weder durch P noch durch H zugunsten des M bestellt worden.

bb) M könnte die Vormerkung nach **§ 398 i.V.m. § 401 analog kraft Gesetzes** von F erworben haben (*Zweiterwerb*). Wegen des Charakters der Vormerkung als streng akzessorisches Sicherungsmittel ist eine gesonder-

---

111 BGH NJW 1984, 973, 974; vgl. auch Palandt/Grüneberg § 398 Rn. 6.

112 Staudinger/Busche Einl. §§ 398 ff. Rn. 17; Coester-Waltjen Jura 2003, 23 ff.; Schreiber Jura 2007, 266 ff.

te Übertragung der Vormerkung ohne die gesicherte Forderung nicht denkbar. Die Vormerkung geht vielmehr (ähnlich einer Hypothek) aufgrund einer wirksamen Abtretung der gesicherten Forderung nach § 401 analog auf den Zessionar über.[113]

(1) Eine wirksame Abtretung der Ansprüche aus dem Kaufvertrag zwischen P und F an den M ist erfolgt.

(2) F müsste auch hinsichtlich einer Vormerkung zur Übertragung berechtigt gewesen sein. Das setzt wiederum voraus, dass er Berechtigter einer Vormerkung i.S.d. **§§ 883, 885** war (*Ersterwerb*).

(a) Ein sicherungsfähiger Anspruch nach § 883 Abs. 1 lag in dem Auflassungsanspruch des F gegen P aus dem Kaufvertrag gemäß § 433 Abs. 1 S. 1 vor.

(b) P hat die Eintragung einer Auflassungsvormerkung zugunsten des F gemäß § 885 Abs. 1 S. 1 bewilligt.

(c) Eine Eintragung der Vormerkung nach § 885 ist erfolgt.

(d) Als Grundstückseigentümer war P zum Zeitpunkt der Eintragung der Vormerkung auch zur Bewilligung der Vormerkung berechtigt.

(3) Mithin war F auch zur Übertragung der Vormerkung berechtigt, sodass M demnach Berechtigter einer Auflassungsvormerkung an dem Hausgrundstück geworden ist.

b) Die Übereignung des Grundstücks von P an H beeinträchtigt somit den durch die Vormerkung gesicherten Auflassungsanspruch des M.

Nach § 883 Abs. 2 S. 1 ist diese Übereignung daher gegenüber M (relativ) unwirksam.

Der Anspruch ist folglich nicht nach § 275 Abs. 1 untergegangen.

III. Anspruch durchsetzbar

Ferner liegen zugunsten des P keine rechtshemmenden Einwendungen (= Einreden) oder sonstige Leistungsverweigerungsrechte vor, sodass der Anspruch auch durchsetzbar ist.

Mithin kann M von P die Übergabe und Übereignung des Grundstücks nach §§ 433 Abs. 1 S. 1, 398 aus abgetretenem Recht verlangen.

B. Ansprüche M gegen H auf die Zustimmung zur Eintragung der dinglichen Rechtsänderung aus § 888 Abs. 1

M könnte zudem gegen H einen Anspruch auf die Zustimmung zur Eintragung der dinglichen Rechtsänderung aus § 888 Abs. 1 haben.

Es besteht eine Auflassungsvormerkung zugunsten des M und mit der Eigentumsübertragung auf H liegt auch eine vormerkungswidrige Verfügung des P vor.

---

113 Soergel/Stürner § 883 Rn. 44; Habersack Ex-Rep Sachenrecht Rn. 331.

Daher hat M gegen H einen Anspruch auf Zustimmung zur Eintragung der dinglichen Rechtsänderung aus § 888 Abs. 1.

Abwandlung

Alle in Betracht zu ziehenden Ansprüche des M gegen P und auch gegen H setzen, wie im Ausgangsfall, eine Forderung des M voraus.

Infolge der Anfechtung nach § 142 Abs. 1 besteht im Ergebnis kein Anspruch auf Übergabe und Übereignung aus dem Kaufvertrag nach § 433 Abs. 1 S. 1, der nach § 398 von F auf M hätte übertragen werden können.

Aufgrund des streng akzessorischen Charakters der Vormerkung ist diese ohne eine existente zu sichernde Forderung auch gar nicht zur Entstehung gelangt. Hinzu kommt, dass auch ein gutgläubiger Erwerb einer Vormerkung ohne zu sichernde Forderung daher nach allgemeiner Ansicht[114] nicht möglich ist.

> Der gutgläubige Zweiterwerb der Vormerkung wird im Einzelnen in *Fall 24* behandelt.

M hat demnach keine Ansprüche gegen P oder H.

---

114 Vgl. BGHZ 25, 16, 23; Palandt/Bassenge § 885 Rn. 19; Staudinger/Gursky § 892 Rn. 58.

Fall 24: Die Auflassungsvormerkung (Gutgläubiger Zweiterwerb)

Malerin M kauft Anfang 2008 von ihrem Kollegen K mit notariellem Kaufvertrag ein Grundstück in einer Künstlerkolonie bei Duisburg. Durch einen Fehler im Büro des Notars wird zugunsten der M beim Grundbuchamt eine Auflassungsvormerkung beantragt und schließlich auch eingetragen. Kurz nach Abschluss des Kaufvertrages stellt M fest, dass ihre Arbeit durch die negativen Schwingungen, die von der Umgebung ausgehen, erheblich gestört wird. Sie tritt deshalb die Ansprüche aus dem Kaufvertrag mit K an ihre Freundin F ab. Da K länger nichts mehr von M gehört hat und mehr denn je auf Barmittel angewiesen ist, veräußert er das Grundstück Anfang 2009 wirksam an den befreundeten Schlagerstar S. Dieser wird im Grundbuch als Eigentümer eingetragen.

Mitte 2009 wendet sich F an ihren Rechtsanwalt und fragt, ob sie von K oder S die Verschaffung des Eigentums an dem Grundstück verlangen kann.

A. Anspruch F gegen K aus §§ 433 Abs. 1 S. 1, 398

F könnte gegenüber K einen Anspruch auf Übergabe und Übereignung des Grundstücks aus abgetretenem Recht aus § 433 Abs. 1 S. 1 i.V.m. § 398 haben.

I. Infolge der Abtretung der Ansprüche aus dem Kaufvertrag von M an F ist ein **Anspruch** der F auf Übergabe und Übereignung des Grundstücks gegen K aus § 433 Abs. 1 S. 1 i.V.m. § 398 **entstanden**.

II. Der Anspruch könnte jedoch infolge **subjektiver Unmöglichkeit nach § 275 Abs. 1** untergegangen sein.

1. Aufgrund der Eigentumsübertragung auf S ist dem K die Übergabe und Übereignung des Grundstücks grundsätzlich unmöglich i.S.d. § 275 Abs. 1.

2. Die Übereignung an S könnte jedoch nach § 883 Abs. 2 S. 1 ausnahmsweise gegenüber F (relativ) unwirksam sein. Dann müsste F allerdings Berechtigte einer Auflassungsvormerkung sein.

In Betracht kommt ein Erwerb der Vormerkung von M nach § 398 i.V.m. § 401 analog (*Zweiterwerb*).

a) Eine wirksame Abtretung der Ansprüche aus dem Kaufvertrag von M an F liegt gemäß § 398 vor (*s.o.*).

b) Es fehlt aber an der Bewilligung der Eintragung der Vormerkung zugunsten der M seitens K nach § 885.

Somit war M in Ansehung der Vormerkung auch nicht übertragungsberechtigt.

c) Die fehlende Berechtigung der M zur Übertragung der Vormerkung könnte jedoch möglicherweise nach § 892 analog überwunden werden.

Ob ein gutgläubiger Zweiterwerb einer Vormerkung nach § 892 analog möglich ist, ist jedoch rechtlich umstritten.

aa) Die Rspr.[115] und Teile der Lit.[116] halten einen gutgläubigen Zweiterwerb von Vormerkungen für möglich.

Hiernach könnte F nach § 892 trotz der fehlenden Berechtigung der M in Ansehung der Vormerkung gutgläubig die Vormerkung erlangt haben.

(1) Ein Rechtsgeschäft im Sinne eines Verkehrsgeschäftes liegt vor. Zwar erfolgt der Übergang der Vormerkung nach § 401 analog und damit letztlich kraft Gesetzes. Ausreichend ist insoweit jedoch, dass der Übergang der Vormerkung auf der Abtretung, also einem Rechtsgeschäft, beruht.[117]

(2) Im Grundbuch war eine inexistente Auflassungsvormerkung eingetragen. Demnach war das Grundbuch in Ansehung der Vormerkung unrichtig.

(3) Die Vormerkung war zugunsten der M eingetragen. Aus dem Grundbuch ergab sich damit auch die Legitimation der M zur Übertragung der Vormerkung.

(4) Dass F im Hinblick auf die Unrichtigkeit des Grundbuchs gutgläubig war, wird nach § 892 Abs. 1 S. 1 vermutet.

(5) Ein Widerspruch gegen die Unrichtigkeit des Grundbuchs i.S.d. § 899 war schließlich nicht eingetragen.

Hält man mit dieser Ansicht einen gutgläubigen Zweiterwerb einer Vormerkung für möglich, hat M eine Auflassungsvormerkung nach § 398 i.V.m § 401 analog, § 892 Abs. 1 analog gutgläubig erworben.

bb) Die herrschende Ansicht in der Lit.[118] wendet sich gegen einen gutgläubigen Zweiterwerb von Vormerkungen.

Dieser Ansicht nach wäre F mangels Berechtigung der M in Ansehung der Vormerkung nicht Berechtigte einer Vormerkung geworden.

cc) Für einen gutgläubigen Zweiterwerb der Vormerkung spricht zwar zunächst, dass die Vormerkung, auch wenn sie kein dingliches Recht ist, immerhin eintragungsfähig und vom Schutzumfang her einem dinglichen Recht angenähert ist. Zudem ist der gutgläubige Zweiterwerber ebenso schutzwürdig wie der gutgläubige Ersterwerber und für diesen ist der Gutglaubenserwerb allgemein anerkannt.

Aber letztendlich sprechen die gewichtigeren Argumente **gegen einen gutgläubigen Zweiterwerb der Vormerkung**. Schließlich dient die Vormerkung nur der Sicherung schuldrechtlicher Ansprüche, sie ist gerade kein dingliches Recht. Zudem richten sich der Erwerb und die Übertragung einer Vormerkung nicht nach den Sachenrechtsvorschriften, daher erscheint § 892 unpassend. Ferner besteht auch kein Bedürfnis nach erhöhter Verkehrsfähigkeit, da sich der Erwerb kraft Gesetzes, nicht kraft Rechtsgeschäftes vollzieht. Eine Parallele zu der Hypothek ist hier nicht ange-

---

115 BGHZ 25, 16, 23.
116 MünchKomm/Kohler § 883 Rn. 75; Fehrenbacher/Kharag JuS 2009, 930, 933.
117 MünchKomm/Kohler § 883 Rn. 75.
118 Staudinger/Gursky § 892 Rn. 59 f.; Baur/Stürner Sachenrecht § 20 Rn. 52; Medicus Bürgerliches Recht Rn. 557; Wolf SachenR Rn. 499; Ehricke/Diehn JuS 2002, 669 (670).

bracht, da bei der Abtretung des vorgemerkten Anspruchs kein Publizitätserfordernis zu wahren ist.

Im Hinblick darauf, dass kein Bedürfnis nach einer erhöhten Verkehrsfähigkeit von Vormerkungen besteht, das imstande wäre, die Möglichkeit eines Erwerbs vom Nichtberechtigten zu rechtfertigen, ist also der zweiten Ansicht zu folgen.

Daher ist die Eigentumsübertragung von K auf S mangels einer Vormerkung zugunsten der F nicht nach § 883 Abs. 2 S. 1 relativ unwirksam und somit ist der Anspruch der F gegen K nach § 275 Abs. 1 untergegangen.

Somit hat F gegenüber K keinen Anspruch auf Übergabe und Übereignung des Grundstücks aus abgetretenem Recht aus § 433 Abs. 1 S. 1 i.V.m. § 398.

B. Anspruch F gegen S aus § 888 Abs. 1

Mangels Bestehens einer Vormerkung zugunsten der F hat diese gegenüber S auch keinen Anspruch auf die Zustimmung zur Eintragung der dinglichen Rechtsänderung aus § 888 Abs. 1.

4. Teil: Das Anwartschaftsrecht des Auflassungsempfängers

Fall 25: Das Anwartschaftsrecht des Auflassungsempfängers

Der Schriftsteller S ist Eigentümer eines Hausgrundstücks auf dem Lande, das er mit notariellem Kaufvertrag an seinen Verleger V verkauft. S, der mit dem Haus besondere Erinnerungen verbindet, legt gegenüber V Wert darauf, dass dieser das Haus nicht weiterveräußert.

Nachdem die Auflassung notariell beurkundet wurde, stellt V beim Grundbuchamt einen Antrag auf die Eintragung als Eigentümer. Bevor die Eintragung erfolgt, verkauft V das Grundstück an den D und lässt es an diesen auf. D wird ohne Zwischeneintragung des V als Eigentümer ins Grundbuch eingetragen.

D verlangt von S die Herausgabe des Grundstücks. S verweigert dies und verweist darauf, dass er dem V gegenüber klar zum Ausdruck gebracht habe, dass er eine Weiterveräußerung nicht wollte.

Kann D von S das Grundstück herausverlangen?

D könnte gegenüber S einen Anspruch auf Herausgabe des Grundstücks aus §§ 985, (986) haben.

I. Dazu müsste D gemäß § 985 zunächst **Eigentümer** des von ihm herausverlangten Grundstücks sein.

1. Das Eigentum am Grundstück könnte D von V gemäß §§ 873 Abs. 1, 925 **(rechtsgeschäftlich)** erlangt haben.

a) Dazu müsste sich V zunächst wirksam mit D i.S.d. §§ 873 Abs. 1, 925 über die Grundstücksübertragung **geeinigt** haben. Indem V das Grundstück formgerecht an D aufgelassen hat, ist dies hier der Fall.

b) Zudem ist D gemäß § 873 Abs. 1 als neuer Eigentümer des Grundstücks im Grundbuch **eingetragen** worden.

c) Darüber hinaus waren sich V und D im Zeitpunkt des Vollrechtserwerbs, also gemäß § 873 Abs. 1 grundsätzlich im Zeitpunkt der Eintragung, auch noch **einig** darüber, dass das Eigentum am Grundstück auf D übergehen soll.

d) Ferner müsste V zur Eigentumsübertragung am Grundstück auch **berechtigt** gewesen sein.

Berechtigt ist der verfügungsbefugte Eigentümer oder der verfügungsbefugte Nichteigentümer, der vom wahren Rechtsinhaber zur Verfügung gemäß § 185 Abs. 1 ermächtigt oder aber gesetzlich verfügungsbefugt ist.

aa) V war verfügungsbefugter Eigentümer, wenn er von S das Eigentum am Grundstück nach §§ 873 Abs. 1, 925 erworben hat.

Die dazu nach §§ 873 Abs. 1, 925 erforderliche Auflassung liegt vor. V wurde jedoch nicht, wie von § 873 Abs. 1 vorausgesetzt, eingetragen. Mithin hat V von S kein Eigentum erworben, sodass er kein verfügungsbefugter Eigentümer war.

bb) V könnte aber als Nichteigentümer zur Veräußerung nach § 185 Abs. 1 berechtigt gewesen sein.

In Betracht kommt, dass V von dem damaligen Eigentümer S zur Weiterveräußerung ermächtigt worden ist. Der ursprüngliche Eigentümer erklärt bei der Auflassung regelmäßig zumindest konkludent die Zustimmung zur Weiterveräußerung.[119] Dies ist hier jedoch gerade nicht der Fall. Schließlich hat S bei der Auflassung an V ausdrücklich darauf hingewiesen, dass er keine Weiterveräußerung des Grundstücks wünscht.

Folglich liegt auch keine Ermächtigung des V zur Veräußerung des Grundstücks i.S.d. § 185 Abs. 1 vor.

2. Möglicherweise hat V dem D jedoch ein **Anwartschaftsrecht** an dem Grundstück übertragen, **das zum Vollrecht erstarkt ist**.

Ein Anwartschaftsrecht entsteht, wenn von einem mehraktigen Entstehungstatbestand eines Rechts bereits so viele Voraussetzungen erfüllt sind, dass von einer gesicherten Rechtsposition des Erwerbers gesprochen werden kann, die der Veräußerer nicht mehr einseitig zerstören kann.

a) Umstritten ist, ob es überhaupt ein **Anwartschaftsrecht an Grundstücken** geben kann.

aa) Nach überwiegender Auffassung ist ein Anwartschaftsrecht als wesensgleiches Minus zum Eigentum auch für Grundstücke denkbar, wenn von einem mehraktigen Erwerbstatbestand so viele Akte vollzogen wurden, dass der Erwerber bereits eine gesicherte Position erlangt hat, die der Veräußerer nicht mehr einseitig beseitigen kann.[120]

Als **Möglichkeiten für die Entstehung eines Anwartschaftsrechts** an einem Grundstück sind dabei anerkannt:[121]

(1) Eine gesicherte Rechtsposition soll zunächst dann vorliegen, wenn die **Auflassung des Grundstücks bindend war (§ 873 Abs. 2) und der Erwerber einen Antrag auf Eintragung ins Grundbuch gestellt hat**.[122]

Die gesicherte Erwerbsposition liegt dieser Ansicht nach darin begründet, dass die Auflassung für den Veräußerer bindend und der Eintragungsantrag durch den Erwerber gestellt worden ist. Nach § 13 i.V.m. § 31 GBO könne nämlich ein Antrag nur von dem Antragsteller zurückgenommen werden. Außerdem schütze § 17 GBO insofern den Erwerber vor Zwischenverfügungen des Veräußerers.

---

119 BGH NJW 1997, 936, 937.
120 BGHZ 89, 41, 44; MünchKomm/Kanzleiter § 925 Rn. 36.
121 Vgl. Palandt/Bassenge § 925 Rn. 24 f.
122 BGHZ 45, 186, 190 f.; 83, 395, 399; 106, 108, 111; Erman/M. Artz § 925 Rn. 56; Baur/Stürner Sachenrecht § 19 Rn. 15 f.

(2) Ferner sei die Rechtsposition des Erwerbers gesichert, wenn die **Auflassung bindend war (§ 873 Abs. 2) und zugunsten des Erwerbers eine Auflassungsvormerkung eingetragen** wurde.[124]

Die gesicherte Position ergebe sich hier daraus, dass die Auflassung den Veräußerer nach § 873 Abs. 2 binde und er nach § 883 Abs. 2 gegen spätere vormerkungswidrige Verfügungen des Veräußerers – insbesondere gegen Veräußerungen des Grundstücks – geschützt sei.

V müsste also eine dieser gesicherten Rechtspositionen erlangt haben. Die Auflassung des Grundstücks von S an V war in notarieller Form beurkundet worden. Damit war die Auflassung gemäß § 873 Abs. 2 bindend geworden. V (als Erwerber) hatte dann beim Grundbuchamt einen Antrag auf die Eintragung als Eigentümer des Grundstücks gestellt, sodass V dieser Ansicht nach (s. unter (1)) ein Anwartschaftsrecht am Grundstück erlangt hat.

bb) Die Gegenansicht[125] lehnt jedoch ein Anwartschaftsrecht an Grundstücken ab.

Dies wird u.a. damit begründet, dass eine Weiterveräußerung regelmäßig nur nach § 185 erfolgen könne.[126] Der Anerkennung eines Anwartschaftsrechts stehe zudem der § 873 entgegen, wonach Rechte an Grundstücken nur durch Einigung und Grundbucheintragung entstehen können.[127] Ferner könne auch aus § 17 GBO kein Schluss auf einen umfassenden Schutz des Auflassungsempfängers gezogen werden, da dadurch nur das formelle Grundbuchrecht geregelt werde, das durch das Grundbuchamt missachtet werden könne.[128]

Hiernach besteht also kein Anwartschaftsrecht des V, das er auf D übertragen konnte.

cc) Schon allein aus Rechtsschutzgesichtspunkten und wegen seines praktischen Bedürfnisses bedarf es auf Seiten des Auflassungsempfängers eines Anwartschaftsrechts. Schließlich besteht selbst nach dem Erwerb des Volleigentums wegen der Möglichkeit eines gutgläubigen Erwerbs kein umfassender Schutz gegen Verfügungen seitens Dritter.[129] Auch wenn ein Anwartschaftsrecht gar keinen absoluten Schutz vor Verfügungen Dritter erfordert,[130] so hat der nicht eingetragene Erwerber doch ein anerkennenswertes Interesse daran, auch vor Eintragung über das Grundstück verfügen zu können. Ein Rückgriff auf § 185 ist nicht stets möglich und wirkt häufig konstruiert. Die Anerkennung eines Anwartschaftsrechts verstößt zudem auch nicht gegen den *numerus clausus* der Sachenrechte. Als

---

123 Soergel/Stürner § 873 Rn. 14.
124 MünchKomm/Kanzleiter § 925 Rn. 37.
125 Habersack Ex-Rep Sachenrecht Rn. 300; Habersack JuS 2000, 1145 (1146 f.); vgl. auch die Nachweise bei MünchKomm/Kanzleiter § 925 Rn. 36 (Fn. 9).
126 Medicus DNotZ 1990, 275, 280 f.
127 Hieber DNotZ 1959, 350, 350 f.
128 Habersack Ex-Rep Sachenrecht Rn. 300; Habersack JuS 2000, 1145, 1146.
129 Im Ergebnis ebenso: Erman/M. Artz § 925 Rn. 57.
130 Im Ergebnis ebenso: BGHZ 49, 197, 201.

Durchgangsstadium des Eigentums und damit als „wesensgleiches Minus" teilt es nämlich dessen dinglichen Charakter.[131]

Demnach war V Inhaber eines Anwartschaftsrechts an dem Grundstück.

b) Dieses müsste er wirksam auf D übertragen haben.

Die Übertragung des Anwartschaftsrechts erfolgt durch eine Auflassung i.S.d. § 873 Abs. 1 (analog) unter Wahrung der Auflassungsform des § 925 ohne Zustimmung des Veräußerers, wobei allerdings eine Eintragung weder erforderlich noch möglich ist.[132] Mit Eintragung erstarkt es zum Vollrecht, und zwar unmittelbar in der Person des Erwerbers des Anwartschaftsrechts, also ohne Durchgangserwerb des Veräußerers.[133]

V und D haben sich in der Form des § 925 über den Übergang des Grundstückseigentums nach § 873 Abs. 1 (analog) geeinigt. Zwar bezog sich die Einigung auf die Übertragung des Eigentums. Den Parteien ging es aber darum, dem D das Eigentum an dem Grundstück zu verschaffen. Bei interessengerechter Auslegung (§§ 133, 157) muss man davon ausgehen, dass der Parteiwille bei einem Scheitern der Eigentumsübertragung an der fehlenden Berechtigung des V jedenfalls auf die Übertragung eines Anwartschaftsrechts des V gerichtet war.

Somit haben sich V und D über die Übertragung des Anwartschaftsrechts gemäß §§ 873 Abs. 1 (analog), 925 geeinigt, sodass D von V ein Anwartschaftsrecht am Grundstück erworben hat, das mit der Eintragung des D als Eigentümer im Grundbuch zum Vollrecht erstarkt ist.

D ist folglich Eigentümer des Grundstücks geworden.

II. Ferner müsste S gemäß § 985 **Besitzer** des Grundstücks sein.

Mangels entgegenstehender Anhaltspunkte übt S die tatsächliche Sachherrschaft i.S.d. § 854 über das Grundstück aus und ist damit dessen Besitzer.

III. Des Weiteren dürfte S **kein Recht zum Besitz** des Grundstücks i.S.d. § 986 haben.

S hat mit V gemäß §§ 433, 311 b Abs. 1 einen wirksamen Grundstückskaufvertrag geschlossen, aus dem er kein obligatorisches Recht zum Besitz gegenüber D ableiten kann. Ferner steht S gegenüber D auch kein dingliches Recht zum Besitz zu.

Mithin hat D gegenüber S einen Anspruch auf Herausgabe des Grundstücks aus §§ 985, (986).

---

131 Im Ergebnis ebenso: Erman/M. Artz § 925 Rn. 57.
132 BGHZ 49, 197, 202; 114, 161, 164; Palandt/Bassenge § 925 Rn. 26.
133 BGHZ 49, 197, 205.

5. Teil: Der Übergang des Grundeigentums kraft Gesetzes oder Hoheitsaktes

Fall 26: Der Übergang des Grundeigentums kraft Gesetzes

Hauseigentümer und Pferdezüchter P verstarb ganz plötzlich im Jahre 1982 an einem Herzinfarkt, nachdem er wieder einmal von einem windigen Pferdekäufer übers Ohr gehauen worden war. Als Witwer hinterließ P seinen einzigen Sohn S, der geplant hatte, sich nunmehr als Privatier auf dem väterlichen Anwesen in Heidelberg niederzulassen. Als S im Nachlass seines Vaters jedoch ein handschriftliches Testament von 1979 fand, in dem er seinen alten Freund F zum Alleinerben bestimmte, verwarf S seine Pläne.

Gegen Vorlage des Erbscheins ließ sich daher 1982 nun der F als Eigentümer des Grundstücks in das Grundbuch der Stadt Heidelberg eintragen. Er bezog sogleich das Haus und begann mit Umbauarbeiten im Erdgeschoss. Als sich 2013 durch Zufall herausstellte, dass P bei Abfassung des Testaments unerkannt geisteskrank war, verlangt S von F das Grundstück heraus. F verweigert die Herausgabe und beruft sich auf Verjährung.

Zu Recht?

A. Anspruch aus § 2018

S könnte gegenüber F zunächst einen Anspruch auf Herausgabe des Grundstücks aus § 2018 haben.

I. Dazu müsste S den P gemäß § 1922 im Wege der Universalsukzession zunächst **beerbt** haben.

Ein Erbrecht des S könnte kraft gesetzlicher Erbfolge nach den §§ 1924 ff. bestehen, wenn F nicht kraft gewillkürter Erbfolge nach den §§ 1937 ff. testamentarischer oder erbvertraglicher Alleinerbe des P geworden ist.

Das Testament aus dem Nachlass des P weist F als Alleinerben aus. Fraglich ist jedoch, ob dieses Testament auch wirksam errichtet wurde. P war bei der Errichtung unerkannt geisteskrank und damit gemäß § 2229 Abs. 4 testierunfähig. Folglich ist das Testament des P von 1979 unwirksam und damit ist F nicht kraft gewillkürter Erbfolge testamentarischer Alleinerbe des P geworden, sodass S auch nicht von der Erbfolge des P ausgeschlossen ist.

Mangels gewillkürter Erbfolge ist S als einziger Sohn des P dessen gesetzlicher Erbe erster Ordnung (§ 1924 Abs. 1). Darüber hinaus war P auch verwitwet, sodass S sein gesetzlicher Alleinerbe ist (vgl. § 1931).

II. Des Weiteren müsste F **Erbschaftsbesitzer i.S.d. § 2018** sein.

1. Dazu müsste er eine Sache aus dem Nachlass besitzen. Das Grundstück gehört zum Nachlass des P. F bewohnt das Grundstück und hat es also unmittelbar in Besitz (§ 854).

2. F müsste schließlich aufgrund eines in Wirklichkeit nicht bestehenden Erbrechts besitzen. Erbschaftsbesitzer kann nur sein, wer sich ein vermeint-

§ 2018 ist eine eigene Anspruchsgrundlage! Als Gesamtanspruch tritt § 2018 neben §§ 985, 1007, 861, 812, 823 ff. etc. und erstreckt sich unmittelbar auf die aus dem Nachlass erlangten Gegenstände und Surrogate (§ 2019).

liches Erbrecht anmaßt.[134] F hat das Grundstück als vermeintlicher Erbe des P in Besitz genommen. Damit hat er sich ein nicht bestehendes Erbrecht angemaßt.

F ist folglich Erbschaftsbesitzer, sodass der Anspruch aus § 2018 wirksam entstanden ist.

III. Mangels entgegenstehender Anhaltspunkte ist der Anspruch auch nicht untergegangen.

IV. Ferner müsste der Anspruch auch durchsetzbar sein.

Dies ist jedenfalls dann nicht der Fall, wenn der Anspruch gemäß § 214 Abs. 1 verjährt ist und F die Einrede der Verjährung erhoben hat.

Der Anspruch aus § 2018 unterliegt gemäß § 197 Abs. 1 Nr. 2 einer dreißigjährigen Verjährungsfrist. Die Frist beginnt nach § 200 S. 1 i.V.m. § 187 Abs. 1 mit der Inbesitznahme des Grundstücks durch den F im Jahre 1982 zu laufen und endet daher gemäß § 188 Abs. 2 im Jahre 2012.

Mithin ist der Anspruch im Jahre 2013 verjährt und mit Blick darauf, dass F sich auch auf die Verjährung des Anspruchs beruft, ist der Anspruch aus § 2018 nicht durchsetzbar.

Somit hat S gegenüber F keinen Anspruch auf Herausgabe des Grundstücks aus § 2018.

B. Anspruch aus § 985

S könnte aber gegenüber F einen Anspruch auf Herausgabe des Grundstücks aus §§ 985, (986) haben.

I. Dann müsste S gemäß § 985 **Eigentümer** des Grundstücks sein.

1. Ursprünglich stand das Grundstück im Eigentum des P. Mit dem Tode des P ist das Eigentum im Wege der Universalsukzession im Jahre 1982 auf den Erben S als Ganzes übergegangen (§ 1922 Abs. 1).

Eingetragene Rechte können vom fälschlich als Berechtigten Eingetragenen bzw. seinem Erben kraft Gesetzes ersessen werden (§ 900).

2. Ferner dürfte S das Eigentum nicht wieder verloren haben.

Er hat das Eigentum an F nach **§ 900 Abs. 1 S. 1** verloren, wenn die Voraussetzungen einer **Buchersitzung** in der Person des F vorliegen.

a) Dazu müsste F als Eigentümer des Grundstücks in das Grundbuch eingetragen sein. Das Grundbuch weist F als Eigentümer aus.

b) F müsste das Grundstück in Eigenbesitz haben. Eigenbesitzer i.S.d. § 872 ist, wer eine Sache als ihm gehörig besitzt. Erforderlich ist, dass der Wille, die Sache wie ein Eigentümer zu besitzen, nach außen kundgetan wird.[135]

F hat das Haus bezogen und bewohnt es seitdem. Im Untergeschoss ließ er bereits am Tage des Einzugs Umbauarbeiten durchführen. Er hat also deutlich gemacht, dass er das Grundstück wie ein Eigentümer besitzen wollte. Damit ist F Eigenbesitzer des Grundstücks.

---

134 Erman/Schlüter § 2018 Rn. 2; Palandt/Weidlich § 2018 Rn. 4.
135 Palandt/Bassenge § 872 Rn. 1.

cc) Die Eintragung des F sowie sein Eigenbesitz an dem Grundstück müssten schließlich über 30 Jahre hinweg bestanden haben.

Die Eintragung des F in das Grundbuch und der Einzug in das Haus erfolgten 1982. Die Ersitzungszeit begann also im Zeitpunkt der Inbesitznahme des Grundstücks (§ 187 Abs. 1) und endete damit in 2012 (§ 188 Abs. 2). Dass der Eigenbesitz während dieser Zeit fortbestand, wird nach § 900 Abs. 1 S. 2 i.V.m. § 938 vermutet. Damit ist F nach § 900 Abs. 1 S. 1 Eigentümer des Grundstücks geworden.

S ist somit im Jahre 2013 nicht mehr Grundstückseigentümer.

3. Möglicherweise kann sich F jedoch S gegenüber nicht auf die Ersitzung berufen. Nach **§ 2026 ist eine Berufung auf die Ersitzung einer Sache nämlich ausgeschlossen,** solange der Herausgabeanspruch aus § 2018 nicht verjährt ist. Der Anspruch des S gegen F auf Herausgabe des Grundstücks aus § 2018 ist jedoch verjährt. Eine Berufung auf die Ersitzung durch F ist somit auch nicht nach § 2026 ausgeschlossen.

II. Mithin hat S gegenüber F keinen Anspruch auf Herausgabe des Grundstücks aus §§ 985, (986).

C. Anspruch aus § 861 Abs. 1

Jedoch könnte S gegenüber F einen Anspruch auf Herausgabe des Grundstücks aus § 861 Abs. 1 S. 1 haben.

I. Dazu müsste zunächst **S früherer Besitzer** des Grundstücks sein. Nach § 857 ging der Besitz des P auf den S als seinen Erben über. Dieser sogenannte fingierte Erbenbesitz[136] reicht aus, um die Besitzschutzansprüche der §§ 861 ff. auszulösen.[137] Damit ist S früherer Besitzer des Grundstücks.

II. Ferner müsste **F gegenwärtig Besitzer** des Grundstücks sein. Das ist vorliegend der Fall.

III. Zudem müsste **F den Besitz im Wege der verbotenen Eigenmacht erlangt** haben. Verbotene Eigenmacht liegt nach § 858 Abs. 1 in der Besitzerlangung gegen oder ohne den Willen des Besitzers, wenn keine gesetzliche Gestattung vorliegt. S wusste nichts von der Besitzergreifung durch F, sodass diese ohne seinen Willen erfolgte. Eine gesetzliche Gestattung griff zugunsten des F nicht ein. Damit handelte F in verbotener Eigenmacht, als er den Besitz des Grundstücks ergriff.

II. Anspruch nicht untergegangen

Ferner dürfte der Anspruch aus § 861 Abs. 1 S. 1 nicht untergegangen sein. In Betracht kommt hier ein Erlöschen des Besitzschutzanspruches nach § 864. Vorliegend hat F den Besitz bereits im Jahre 1982 erlangt, sodass seit der Besitzergreifung in verbotener Eigenmacht (§ 858 Abs. 2) schon mehr als 1 Jahr vergangen ist und somit der Anspruch gemäß § 864 Abs. 1 i.V.m. §§ 187 Abs. 1, 188 Abs. 2 untergegangen ist.

---

136 Vgl. Erman/A. Lorenz § 857 Rn. 5.
137 Erman/A. Lorenz § 857 Rn. 6.

Demzufolge hat S gegenüber F keinen Anspruch auf Herausgabe des Grundstücks aus § 861 Abs. 1 S. 1.

D. Anspruch aus § 823 Abs. 1 i.V.m. § 249 Abs. 1

Jedenfalls der rechtmäßige Besitz stellt ein sonstiges Recht i.S.d. § 823 Abs. 1 dar.[138]

S hat auch keinen Anspruch gegenüber F auf Herausgabe des Grundstücks aus § 823 Abs. 1 i.V.m. § 249 Abs. 1 (Naturalrestitution); der haftungsbegründende Tatbestand liegt mangels Verschulden des F nicht vor.

E. Anspruch aus § 812 Abs. 1 S. 1 Var. 2 (Nichtleistungskondiktion)

S könnte aber gegenüber F einen Anspruch auf Herausgabe des Grundstücks aus § 812 Abs. 1 S. 1 Var. 2 haben.

I. Dazu muss F zunächst etwas auf Kosten des S erlangt haben.
F hat Eigentum und Besitz des Hausgrundstücks auf Kosten des früheren Eigentümers und Besitzers S, also vermögenswerte Vorteile und damit „etwas" gemäß § 812 erlangt.[139]

II. Dies müsste in anderer Weise als durch Leistung des S geschehen sein.
Leistung ist die bewusste und zweckgerichtete Mehrung fremden Vermögens.[140] Eine bewusste und zweckgerichtete Mehrung des Vermögens des F durch S oder P, als Rechtsvorgänger des S, ist nicht ersichtlich. Folglich hat F Eigentum und Besitz in sonstiger Weise auf Kosten des S erlangt.

III. Dies müsste schließlich ohne Rechtsgrund erfolgt sein.
Der Rechtsgrund für das Behaltendürfen könnte sich aus § 900 Abs. 1 S. 1 ergeben. Für den Fall einer **Leistungskondiktion** ist **umstritten, ob eine Ersitzung einen Rechtsgrund** für das Behaltendürfen der Sache darstellt.[141] Für die Fälle, dass die Sache **nicht durch Leistung** erlangt wurde, besteht jedoch **Einigkeit** darüber, dass die **Ersitzung einen Rechtsgrund** für das Behaltendürfen der Sache darstellt.[142]
F hat das Grundstück gemäß § 900 Abs. 1 S. 1 ersessen und somit Eigentum und Besitz nicht rechtsgrundlos erlangt.

IV. Folglich hat S gegenüber F keinen Anspruch auf Herausgabe des Grundstücks aus § 812 Abs. 1 S. 1 Var. 2.

---

138 Palandt/Sprau § 823 Rn. 13.
139 Vgl. Erman/P. Buck-Heeb § 812 Rn. 3.
140 BGH NJW 2004, 1169; Erman/P. Buck-Heeb § 812 Rn. 11.
141 Vgl. Staudinger/Gursky § 900 Rn. 24; Staudinger/Wiegand § 937 Rn. 18 ff.
142 Vgl. Staudinger/Wiegand § 937 Rn. 22; Palandt/Bassenge vor § 937 Rn. 2.

Fall 27: Der Übergang des Grundeigentums kraft Hoheitsaktes
(LG Saarbrücken 06.10.1993 – 4 O 155/93, LG Saarbrücken NJW-RR 1994, 1293 ff.)

Professorin Dr. med. dent. N ist Eigentümerin eines Grundstücks in Berlin, das mit einem Einfamilienhaus bebaut ist, in dem sie wohnt. Im Jahre 2010 folgt sie dem Ruf an eine bekannte englische Hochschule und lebt fortan in London.

Anfang 2012 betreibt die Justizkasse aufgrund eines Titels die Zwangsvollstreckung gegen die in Berlin ansässige erfolglose Schmuckdesignerin N. Infolge einer zufälligen Namensgleichheit von Dr. N und N kommt es zu einer Verwechslung, sodass die Zwangsvollstreckung in das Grundstück der Dr. N betrieben wird. Im Termin zur Zwangsversteigerung am 14.03.2012 wird K, einem früheren Kollegen der Dr. N, für einen Betrag von 200.000 € der Zuschlag erteilt. Zwar hatte K die Verwechslung erkannt, aber da ihm das Grundstück immer schon gefiel, wollte er die Gelegenheit zum günstigen Erwerb unbedingt nutzen.

Als Dr. N Anfang März 2013 nach Deutschland zurückkehrt und von der Versteigerung erfährt und den ersten Schock überwunden hat, wendet sie sich am 26.04.2013 an einen Rechtsanwalt.

Sie möchte von ihm wissen, ob sie von K das Grundstück herausverlangen kann.

A. Anspruch aus § 985

Dr. N könnte gegenüber K einen Anspruch auf Herausgabe des Grundstücks aus §§ 985, (986) haben.

Dazu müsste Dr. N gemäß § 985 zunächst Grundstückseigentümerin sein.

I. Ursprünglich war Dr. N Eigentümerin des von ihr bewohnten Grundstücks.

II. Sie könnte ihr Eigentum daran jedoch gemäß § 90 Abs. 1 ZVG im Rahmen der Zwangsversteigerung an K verloren haben.

Das setzt voraus, dass K in der Zwangsversteigerung des Grundstücks der Zuschlag erteilt wurde.

Im Versteigerungstermin am 14.03.2012 wurde K der Zuschlag erteilt.

Fraglich ist aber, wie es sich auswirkt, dass K wusste, dass das Grundstück nicht der Vollstreckungsschuldnerin N, sondern Dr. N gehörte.

Beim Eigentumsübergang nach **§ 90 Abs. 1 ZVG** handelt es sich um einen originären, nicht vom Vollstreckungsschuldner abgeleiteten, **Erwerb kraft staatlichen** (öffentlich-rechtlichen) **Hoheitsaktes**, der seine rechtsbegründenden Wirkungen im privatrechtlichen Bereich hat.[143] Der Übergang des Eigentums am Grundstück (§ 90 Abs. 1 ZVG) und an den mitversteigerten Gegenständen (§ 90 Abs. 2 ZVG) erfolgt automatisch mit dem Wirksam-

Die Zwangsvollstreckung in ein Grundstück kann gemäß § 866 Abs. 1 ZPO durch Zwangshypothek, Zwangsverwaltung und durch Zwangsversteigerung erfolgen.

Die Anwendung der Gutglaubensvorschriften scheitert hier daran, dass es sich nicht um ein Rechtsgeschäft i.S.e. Verkehrsgeschäftes handelt.

---

143   Böttcher in Böttcher, ZVG, 5. Aufl. 2010; § 90 Rn. 1; Storz/Kiderlen, Praxis des Zwangsversteigerungsverfahrens, 12. Aufl. 2014, D. 5.2.1; Wolf JA 2010, 659.

werden des Zuschlags (§§ 89, 104 ZVG), setzt also weder die Eintragung im Grundbuch noch die Bezahlung im (späteren) Verteilungstermin voraus und ist auch unabhängig von den bisherigen Eigentumsverhältnissen und vom guten oder bösen Glauben des Erstehers. [144]

Der Eigentumserwerb nach § 90 Abs. 1 ZVG vollzieht sich ohne Eintragung ins Grundbuch; das Grundbuch wird also automatisch unrichtig. Die Grundbuchberichtigung erfolgt dann gemäß § 130 Abs. 1 S. 1 ZVG von Amts wegen und hat lediglich deklaratorische Wirkung.[145]

Somit ist trotz der Bösgläubigkeit des K mit Wirksamwerden des Zuschlags das Grundstückseigentum auf ihn übergegangen. Als Ersteigerer erwirbt K rechtsbeständiges Eigentum.

Dr. N hat somit ihr Eigentum an dem Grundstück verloren und damit keinen Anspruch gegenüber K auf Herausgabe des Grundstücks aus §§ 985, (986).

B. Anspruch aus § 812 Abs. 1 S. 1 Var. 2 (Nichtleistungskondiktion)

Dr. N hat auch keinen Anspruch gegenüber K auf Herausgabe des Grundstücks aus § 812 Abs. 1 S. 1 Var. 2. Zwar hat K das Eigentum an dem Grundstück und damit einen vermögenswerten Vorteil, also ein kondiktionsfähiges „etwas" i.S.d. § 812, in sonstiger Weise auf Kosten der Dr. N. erlangt. Dies geschah aber mit Rechtsgrund, der bei einem Eigentumserwerb in der Zwangsversteigerung in dem Zuschlag selbst liegt.[146]

C. Anspruch aus § 823 Abs. 1 i.V.m. § 249 Abs. 1

Mangels eines deliktischen bzw. rechtswidrigen Verhaltens des K hat Dr. N auch keinen Anspruch gegenüber K auf Herausgabe des Grundstücks im Wege der Naturalrestitution aus § 823 Abs. 1 i.V.m. § 249 Abs. 1.

D. Anspruch aus § 826 i.V.m. § 249 Abs. 1

Mangels vorsätzlicher sittenwidriger Schädigung scheidet auch ein Anspruch von Dr. N gegenüber K auf Herausgabe des Grundstücks aus § 826 i.V.m. § 249 Abs. 1 im Wege der Naturalrestitution aus. Zwar ist anerkannt, dass das Verhalten des Erstehers bei der Zwangsversteigerung Schadensersatz nach § 826 auslösen kann.[147] Die bloße Ausnutzung eines unrichtigen Zuschlags genügt hierbei jedoch nicht, sondern es ist das Hinzutreten besonderer Umstände erforderlich.[148] Auch wenn K wusste, dass das Grundstück, das in der Zwangsvollstreckung gegen N zur Versteigerung kam, in Wirklichkeit Dr. N gehörte, hat er durch die bloße Nichtaufklärung der Verwechslung bei der Zwangsversteigerung nicht in verwerflicher Weise auf die Versteigerung der schuldnerfremden Sache hingewirkt.

---

144 RGZ 129, 155, 159; Storz/Kiderlen, Praxis des Zwangsversteigerungsverfahrens, 12. Aufl. 2014, D. 5.2.2; Böttcher in Böttcher, ZVG, 5. Aufl. 2010; § 90 Rn. 3; Stöber, ZVG, 21. Aufl. 2016, § 90 Rn. 2.1.
145 Vgl. Böttcher in Böttcher, ZVG, 5. Aufl. 2010, § 130 Rn. 1; vgl. Stöber, ZVG, 21. Aufl. 2016, § 90 Rn. 2.
146 Baur/Stürner/Bruns, Zwangsvollstreckungsrecht, 13. Aufl. 2006, 29.18.; vgl. Stadler in Jauernig, BGB, § 812 Rn. 65; vgl. Wolf JA 2010, 659, 660.
147 BGH NJW 1979, 161, 162.
148 BGHZ 53, 47, 50.

Anmerkung:

Zwar hat Dr. N im vorliegenden Fall grundsätzlich die Möglichkeit, den Zuschlagsbeschluss im Wege der sofortigen Beschwerde nach § 95 ZVG anzufechten. Als ursprünglich eingetragene Eigentümerin wäre sie nach § 97 Abs. 1 i.V.m. § 9 Nr. 1 ZVG auch beschwerdeberechtigt. Allerdings beträgt die Frist für die sofortige Beschwerde nach § 96 ZVG i.V.m. § 569 Abs. 1 S. 1 ZPO nur 2 Wochen. Dabei handelt es sich um eine Notfrist, die für im Versteigerungstermin Anwesende mit der Verkündung des Zuschlags (§ 98 S. 2 ZVG), im Übrigen mit der Zustellung des Zuschlagsbeschlusses (§ 96 ZVG i.V.m. § 569 Abs. 1 S. 2 ZPO), spätestens jedoch 5 Monate nach Verkündung, beginnt. Selbst wenn man davon ausgeht, dass der Beschluss Dr. N infolge der Namensverwechslung nicht zugestellt wurde, ist am 26.04.2013 die Frist für die sofortige Beschwerde abgelaufen. Sie hat hier ausnahmsweise keine Möglichkeit mehr, den Zuschlagsbeschluss an K anzufechten.

6. Teil: Beschränkt dingliche Rechte am Grundeigentum

1. Abschnitt: Die Hypothek

Fall 28: Ersterwerb einer Buchhypothek vom Berechtigten

S benötigt für umfangreiche Sanierungsarbeiten an seinem Berliner Altbau ein Bankdarlehen i.H.v. 100.000 €. Die G-Bank ist gerne bereit, ihm diese Summe zur Verfügung zu stellen, verlangt aber nach einer Sicherheit. Da der G die von S angebotenen Formen der Schuldsicherung (Bürgschaft, Schuldübernahme, etc.) nicht sicher genug sind, vereinbaren beide die Belastung des Grundstücks des S mit einer Hypothek zugunsten der G, was dann auch im Grundbuch eingetragen wird. Auf die Erteilung eines Hypothekenbriefes wird dabei verzichtet. Als die Rückzahlung des Darlehens fällig ist, kann S nicht zahlen.

Kann G gegen S aus der Hypothek vorgehen?

G könnte gegenüber S einen **Anspruch auf Duldung der Zwangsvollstreckung aus § 1147** haben.

Die Hypothek ist ein sog. **Grundpfandrecht**. Als beschränkt dingliches Recht am Grundstück stellt sie im Unterschied zu den Dienstbarkeiten (*vgl. Fall 38*) ein Verwertungsrecht dar.

Die Duldung der Zwangsvollstreckung kann G danach nur verlangen, wenn G am Grundstück des S eine Hypothek erworben hat, diese nicht wieder erloschen ist und der hypothekarischen Inanspruchnahme keine Einreden entgegenstehen.

A. Anspruch entstanden (= „Hypothek entstanden")

Zunächst müsste G von S also eine Hypothek erworben haben und damit Hypothekengläubigerin geworden sein.

In Betracht kommt hier ein **Ersterwerb** der Hypothek der G von S gemäß §§ 873 Abs. 1, 1113, 1115 ff.

I. Dazu müssten sich S und G gemäß §§ 873 Abs. 1, 1113 zunächst darüber **geeinigt** haben, dass das Grundstück des S in der Weise belastet wird, dass an G zur Befriedigung einer ihr zustehenden Forderung eine bestimmte Geldsumme aus dem Grundstück zu zahlen ist.

Vorliegend vereinbaren S und G die Belastung des Grundstücks des S zur Absicherung einer Darlehensrückzahlungsforderung der G i.H.v. 100.000 € und haben sich damit im vorgenannten Umfang geeinigt.

II. Des Weiteren müsste die Bestellung einer Hypothek zulasten des S und zugunsten der G gemäß § 873 Abs. 1 mit dem in § 1115 genannten Umfang im Grundbuch **eingetragen** werden.

Hinzu kommt gemäß § 1116 Abs. 2 S. 3 bei einer **Buchhypothek**, dass auch der Ausschluss des Hypothekenbriefes eingetragen werden muss.
Dies ist vorliegend ebenfalls erfolgt.

Gesetzlicher Normalfall gemäß § 1116 Abs. 1 ist die Briefhypothek.

Die **Hypothek** ist (im Unterschied zur Grundschuld) ein **streng akzessorisches Sicherungsrecht** und daher in ihrem Bestand von der zu sichernden, schuldrechtlichen Forderung abhängig.

III. Zudem müsste die zu sichernde, schuldrechtliche **Forderung der G wirksam** entstanden sein.
Aufgrund des wirksam von S und G geschlossenen Darlehensvertrages und der nunmehr eingetretenen Fälligkeit hat G gegenüber S einen wirksamen

Darlehensrückzahlungsanspruch aus § 488 Abs. 1 S. 2. Dieser Rückzahlungsanspruch soll auch durch die Hypothek abgesichert werden.
Mithin ist die zu sichernde, schuldrechtliche Forderung der G entstanden.

IV. Ferner müssten sich S und G im Zeitpunkt der Eintragung der Hypothek auch noch **einig** sein. Bis dahin ist die Einigung gemäß § 873 Abs. 2 frei widerruflich, es sei denn, die Bindungswirkung nach § 873 Abs. 2 ist bereits ausgelöst worden.
Vorliegend waren sich S und G noch im Zeitpunkt der Eintragung der Hypothek über deren Bestellung einig.

V. Weiterhin müsste S zur Hypothekenbestellung (Ersterwerb) nach §§ 873 Abs. 1, 1113 berechtigt gewesen sein.
Zur Belastung des Grundstücks mit einem beschränkt dinglichen Recht ist nur der verfügungsbefugte Eigentümer oder der verfügungsbefugte Nichteigentümer berechtigt.[149]
S ist verfügungsbefugter Eigentümer seines Grundstücks und damit auch zur Hypothekenbestellung berechtigt.

Somit hat G von S gemäß §§ 873 Abs. 1, 1113, 1115 ff. im Wege des Ersterwerbs eine Hypothek erworben, sodass der Anspruch auf Duldung der Zwangsvollstreckung von G gegenüber S aus § 1147 entstanden ist.

B. Anspruch nicht untergegangen (= „Hypothek nicht untergegangen")

Mangels Untergangs der zu sichernden Forderung und mangels Eingreifens von rechtsvernichtenden Einwendungen, die sich direkt gegen die hypothekarische Inanspruchnahme richten, ist der Anspruch auf Duldung der Zwangsvollstreckung von G gegenüber S aus § 1147 auch nicht untergegangen.

C. Anspruch durchsetzbar (= „Hypothek durchsetzbar")

Ferner liegen weder gegen die zu sichernde Forderung (vgl. § 1137) noch direkt gegen die hypothekarische Inanspruchnahme rechtshemmende Einwendungen vor, sodass der Anspruch auf Duldung der Zwangsvollstreckung von G gegenüber S aus § 1147 auch durchsetzbar ist.

Mithin hat G gegenüber S einen Anspruch auf Duldung der Zwangsvollstreckung aus § 1147.

Anmerkung:

Die Prüfungsreihenfolge bei der Hypothek ähnelt der bei der Bürgschaft, da es sich bei beiden um akzessorische Sicherungsrechte handelt. Auf der Ebene der Entstehung, des Erlöschens und der Durchsetzbarkeit sind daher sowohl die zu sichernde Forderung als auch das (dingliche) Recht / die Bürgschaft selbst zu beachten.

---

149 Palandt/Bassenge § 873 Rn. 11; Habersack Ex-Rep Sachenrecht Rn. 286 ff., 361 ff.

91

Fall 29: Zweiterwerb einer Briefhypothek vom Berechtigten

Der Schuhmacher S fährt in seiner Freizeit gerne schnelle Sportwagen. Um dabei nicht immer auf die Flitzer seiner Freunde angewiesen zu sein, beabsichtigt er, sich einen Maserati Coupé Cambiocorsa für 40.000 € zu kaufen. Da ihm dazu die nötigen Barmittel fehlen, bittet er den Großverdiener G, ihm die Summe zu borgen. G ist dazu gerne bereit, verlangt aber eine Sicherheit. Kurzum bestellt S dem G an seinem Grundstück wirksam eine Hypothek. Nachdem G vom Grundbuchamt der Hypothekenbrief über die am Grundstück des S zugunsten des G bestellte Hypothek übergeben worden ist, zahlt G die 40.000 € an S aus. Als der G nach einigen Wochen selber in einen finanziellen Engpass gerät, überträgt er die Hypothek unter Beachtung der Schriftform an H und gibt ihm den Hypothekenbrief mit.

Als H von S die Duldung der Zwangsvollstreckung in das Grundstück verlangt, entgegnet S, dass er – was zutrifft – von dem „Verkauf" der Hypothek an H überhaupt nichts gewusst und mittlerweile ja auch die 40.000 € an G zurückgezahlt habe.

Hat H gegen S einen Anspruch auf Duldung der Zwangsvollstreckung?

H könnte einen Anspruch gegenüber S auf Duldung der Zwangsvollstreckung aus § 1147 haben.

A. Anspruch entstanden (= „Hypothek entstanden")

Dazu müsste H Inhaber einer Hypothek, also Hypothekengläubiger, geworden sein.

In Betracht kommt hier ein **Zweiterwerb** der Hypothek des H von G gemäß §§ 1153 Abs. 1, 1154, 398.

I. Dazu ist nach **§ 1153 Abs. 1** erforderlich, dass H die zu sichernde Forderung von G erlangt hat.

1. Dann müssten sich G und H gemäß § 398 über die **Abtretung der zu sichernden Forderung geeinigt** haben.

Eine Einigung besteht aus zwei empfangsbedürftigen Willenserklärungen, nämlich Angebot und Annahme, und könnte in der „Übertragung" der Hypothek von G an H zu sehen sein. Fraglich ist in diesem Zusammenhang aber, was überhaupt unter „Übertragung" der Hypothek zu verstehen ist. Die Erklärungen der Parteien sind dabei nach den §§ 133, 157 auszulegen, wobei insbesondere die wirtschaftliche Interessenlage der Parteien zu berücksichtigen ist.

Zwar haben sich die Parteien dem Wortlaut nach nur über die Hypothek geeinigt. Eine Übertragung der Hypothek ist jedoch nach § 1153 Abs. 1 nur durch Übertragung der zu sichernden Forderung möglich. Laien wird jedoch häufig nicht bewusst sein, ob die Hypothek der Forderung folgt oder umgekehrt. Wirtschaftlich wollen die Parteien in der Regel jedoch, dass sowohl die zu sichernde Forderung als auch die Hypothek übergehen. Also ist unter „Übertragung" der Hypothek die Abtretung der hypothekarisch gesi-

*Die Hypothek kann nicht rechtsgeschäftlich erworben werden, sondern geht mit der Übertragung der Forderung auf den neuen Gläubiger über. Dieses **Mitlaufgebot** ergibt sich bereits aus § 401 Abs. 1 und wird durch § 1153 Abs. 1 für unabdingbar erklärt.*

Dem Verfügungsgeschäft der Abtretung nach § 398 liegt als Verpflichtungsgeschäft ein Rechtskauf gemäß §§ 433, 453 über den Darlehensrückzahlungsanspruch (= Forderung) zugrunde.

cherten Forderung zu verstehen, die aufgrund eines zuvor geschlossenen, schuldrechtlichen Rechtskaufvertrages erfolgte.[150]

Demnach haben sich G und H über die Abtretung des zu sichernden Darlehensrückzahlungsanspruchs des G gegen S aus § 488 Abs. 1 S. 2 gemäß § 398 geeinigt.

2. Ferner müsste diese Einigung auch **wirksam** sein.

Die Abtretung der zu sichernden Forderung ist gemäß § 125 S. 1 i.V.m. §§ 1154 Abs. 1 S. 1, 1117 formunwirksam, wenn die Abtretungserklärung nicht in schriftlicher Form erteilt wird und/oder der Hypothekenbrief nicht übergeben wird.

Merke:
Eine hypothekarisch gesicherte Forderung muss in der Form des § 1154 Abs. 1 abgetreten werden.

Vorliegend „überträgt" G an H die Hypothek schriftlich, erklärt also die Abtretung des Darlehensrückzahlungsanspruchs in schriftlicher Form. Zudem übergibt G dem H den Hypothekenbrief gemäß §§ 1117 Abs. 1 S. 1, 929 S. 1.

Somit ist die Abtretung nicht gemäß § 125 S. 1 i.V.m. §§ 1154 Abs. 1 S. 1, 1117 formunwirksam und mangels anderweitiger Nichtigkeitsgründe damit auch insgesamt wirksam.

II. Des Weiteren müsste G **zur Abtretung der gesicherten Forderung** im Zeitpunkt der Abtretung **berechtigt** sein.

Zur Abtretung einer hypothekarisch gesicherten Forderung zum Zwecke des Zweiterwerbs der Hypothek ist der verfügungsbefugte Forderungsinhaber bzw. der vom Forderungsinhaber gemäß § 185 Abs. 1 ermächtigte oder kraft Gesetzes verfügungsbefugte Nichtforderungsinhaber, der zugleich auch Hypothekengläubiger ist, berechtigt.[151]

1. Zunächst müsste G also im Zeitpunkt der Abtretung **verfügungsbefugter Forderungsinhaber** gewesen sein (§ 398).

Indem G mit S einen wirksamen Darlehensvertrag gemäß § 488 geschlossen und das Darlehen an S dann ausbezahlt hat, hat G gegenüber S einen Darlehensrückzahlungsanspruch nach § 488 Abs. 1 S. 2 begründet. Der Anspruch von G gegenüber S aus § 488 Abs. 1 S. 2 ist also entstanden und damit ist G auch verfügungsbefugter Forderungsinhaber im Zeitpunkt der Abtretung gewesen.

Beachte:
Hier muss die **Inzidentprüfung** der gesicherten Forderung erfolgen („**Anspruch entstanden**" der Forderung ist zu prüfen)!

2. Ferner müsste G zugleich auch **Hypothekengläubiger im Zeitpunkt der Abtretung** gewesen sein.

Hier könnte G von S die Hypothek gemäß **§§ 873 Abs. 1, 1113, 1115 ff. im Wege des Ersterwerbs** erlangt haben.

a) Eine entsprechende Einigung (§ 873 Abs. 1) mit dem Inhalt des § 1113 liegt zwischen S und G vor.

b) Die Hypothek wurde gemäß § 873 Abs. 1 eingetragen.

c) Ferner wurde dem G i.S.d. § 1117 Abs. 2 der Hypothekenbrief vom Grundbuchamt ausgehändigt.

Beachte:
Wegen der Zusammengehörigkeit von Forderung und Hypothek ist auch die Hypothekengläubigerschaft zu prüfen, da ja eine **hypothekarisch gesicherte Forderung** abgetreten wird.

---

150 Palandt/Bassenge § 1153 Rn. 2.
151 Vgl. Palandt/Grüneberg § 401 Rn. 1, 3; Baur/Stürner Sachenrecht § 38, Rn. 1; Habersack Ex-Rep Sachenrecht Rn. 382; Servatius JA 2006, 692, 694.

d) Die Hypothek ist zudem erst dann entstanden, wenn auch die zu sichernde Forderung entstanden ist. Der Anspruch aus § 488 Abs. 1 S. 2 entsteht erst mit Auszahlung der Darlehensvaluta. Demnach entstand auch die Hypothek bei G erst im Zeitpunkt der Auszahlung. Bei der Abtretung der Forderung war somit auch die Forderung bereits entstanden.

e) S war als verfügungsbefugter Eigentümer auch zur Bestellung der Hypothek **berechtigt**.

G hat von S somit die Hypothek erworben. Die Hypothekengläubigerschaft hat er auch bis zur Abtretung nicht wieder verloren, sodass G demnach Hypothekengläubiger im Zeitpunkt der Abtretung gewesen ist.

Demnach ist G zur Abtretung der gesicherten Forderung (im Zeitpunkt der Abtretung) berechtigt.

III. Folglich hat H von G durch die Abtretung des gesicherten Darlehensrückzahlungsanspruchs gemäß §§ 1153 Abs. 1, 1154, 398 die Hypothek am Grundstück des S von G im Wege des Zweiterwerbs wirksam erworben.

Mithin ist der Anspruch des H gegenüber S auf Duldung der Zwangsvollstreckung aus § 1147 entstanden.

B. Anspruch nicht untergegangen (= „Hypothek nicht untergegangen")

Beachte:

Hier muss wieder die **Inzidentprüfung** der gesicherten Forderung erfolgen (**„Anspruch untergegangen"** der Forderung ist zu prüfen)!

Geht die Hypothek auf den Eigentümer über, wandelt sie sich nach § 1177 Abs. 1 S. 1 automatisch in eine Eigentümergrundschuld um. Dem bisherigen Inhaber der Hypothek steht daher kein Anspruch aus § 1147 mehr zu. Dieser erlischt durch den Vorgang also.

Ferner dürfte der Anspruch des H gegenüber S auf Duldung der Zwangsvollstreckung aus § 1147 nicht untergegangen sein. Das ist nach § 1163 Abs. 1 S. 2 dann der Fall, wenn die zu sichernde Forderung erloschen ist und die Hypothek auf den Eigentümer übergegangen ist.

Hier könnte die Darlehensforderung gemäß § 362 Abs. 1 durch Erfüllung erloschen sein. Das setzt voraus, dass der Schuldner die Leistung an den richtigen Gläubiger bewirkt hat. Gläubiger war im Zeitpunkt der Zahlung H als Zessionar der Forderung (s.o.). An diesen hat S die Leistung jedoch nicht bewirkt.

Nach § 407 Abs. 1 Var. 1 hat die Zahlung gleichwohl auch gegenüber H Erfüllungswirkung, wenn S von der Abtretung keine Kenntnis hatte. Das ist hier der Fall. Die Forderung ist somit nach §§ 362 Abs. 1, 407 Abs. 1 Var. 1 erloschen.

Grundsätzlich geht daher nach § 1163 Abs. 1 S. 2 die Hypothek auf S über. Nach § 1156 S. 1 ist die Wirkung des § 407 Abs. 1 Var. 1 jedoch auf dinglicher Ebene unbeachtlich. Das Erlöschen der schuldrechtlichen Forderung ist somit ausnahmsweise auf dinglicher Ebene unbeachtlich. Dies hat zur Folge, dass §§ 1163 Abs. 1 S. 2, 1177 Abs. 1 keine Anwendung finden und der neue Gläubiger Inhaber des Grundpfandrechtes bleibt.[152]

---

152 Habersack Ex-Rep Sachenrecht Rn. 383.

Somit bleibt der neue Hypothekengläubiger H trotz Erfüllung des Darlehensrückzahlungsanspruchs durch S gegenüber G Inhaber der wirksam im Wege des Zweiterwerbs bestellten Hypothek.

Folglich ist der Anspruch des H gegenüber S auf Duldung der Zwangsvollstreckung aus § 1147 nicht untergegangen.

C. Anspruch durchsetzbar (= „Hypothek durchsetzbar")

Zudem liegen gegen die hypothekarische Inanspruchnahme des S auch keine rechtshemmenden Einwendungen vor, sodass der Anspruch auf Duldung der Zwangsvollstreckung von H gegenüber S aus § 1147 nicht in seiner Durchsetzbarkeit gehemmt ist.

Somit hat H gegenüber S einen Anspruch auf Duldung der Zwangsvollstreckung aus § 1147.

Streitig ist dabei jedoch, ob es sich bei dem Grundpfandrecht um eine forderungsentkleidete Hypothek oder um eine Grundschuld handelt. Für den Anspruch aus § 1147 ist dies aber bedeutungslos.[153]

---

153 Vgl. Petersen Jura 2016, 280, 282.

Fall 30: Ersterwerb einer Hypothek vom Nichtberechtigten

Inspiriert von der Fernsehsendung „Mein neues Leben – XXL" möchte S auswandern und sein Glück als Kaninchenzüchter in Kanada suchen. Um das Vorhaben finanzieren zu können, schließt er mit H einen Darlehensvertrag über 100.000 € ab. H zahlt die vereinbarte Summe an S aus und verlangt nach einer Sicherheit in Form einer Briefhypothek am Grundstück des S. In Wahrheit ist S aber gar nicht der Eigentümer des Grundstücks, sondern nur fälschlicherweise als solcher im Grundbuch eingetragen. Gleichwohl einigt sich S mit dem gutgläubigen H über die Belastung des Grundstücks mit einer Hypothek und beide vereinbaren, dass H sich den Hypothekenbrief direkt vom Grundbuchamt aushändigen lassen soll.

Kurz nachdem H den Antrag auf Eintragung der Hypothek beim Grundbuchamt eingereicht hat, erfährt er, dass E der wahre Eigentümer des Grundstücks ist. Gleichwohl lässt H sich den Hypothekenbrief vom Grundbuchamt aushändigen und die Hypothek wird eingetragen. Auf Betreiben des E wird dieser jedoch wenig später wieder als Eigentümer im Grundbuch eingetragen.

Als H beabsichtigt, die nunmehr fällige Darlehensschuld von S zurückzuverlangen, stellt sich heraus, dass S mittlerweile in Kanada untergetaucht und unauffindbar ist.

Kann H gegen den eingetragenen Eigentümer E aus der Hypothek vorgehen?

H könnte gegenüber E einen Anspruch auf Duldung der Zwangsvollstreckung aus § 1147 haben.

A. Anspruch entstanden (= „Hypothek entstanden")

Dazu müsste H zunächst Inhaber einer Hypothek, also Hypothekengläubiger, geworden sein.

In Betracht kommt hier ein Ersterwerb der Hypothek des H von S gemäß §§ 873 Abs. 1, 1113, 1115 ff.

I. Die dafür erforderliche **Einigung** über die Bestellung der Hypothek zwischen H und S gemäß § 873 Abs. 1 mit dem Inhalt des § 1113 ist erfolgt.

II. Ferner ist die Bestellung der Hypothek zugunsten des H gemäß § 873 Abs. 1 mit dem in § 1115 genannten Umfang im Grundbuch **eingetragen** worden.

III. Des Weiteren besteht aufgrund des wirksam von H und S geschlossenen Darlehensvertrages und nach Auszahlung der Darlehensvaluta ein wirksamer Darlehensrückzahlungsanspruch des H gegenüber S aus § 488 Abs. 1 S. 2, der durch die Hypothek abgesichert ist.

Für die Briefübergabe und die Briefübergabesurrogate gelten gemäß § 1117 Abs. 1 S. 2 die §§ 929 S. 2, 930, 931.

IV. Ferner müsste H von S der Hypothekenbrief nach § 1117 Abs. 1 übergeben oder zwischen beiden eine wirksame Aushändigungsvereinbarung nach § 1117 Abs. 2 vereinbart worden sein.

Zwar hat hier keine direkte Briefübergabe von S an H gemäß § 1117 Abs. 1 S. 2 i.V.m. §§ 929 S. 2, 930 oder 931 stattgefunden, aber die Übergabe ist gemäß § 1117 Abs. 2 wirksam durch Vereinbarung zwischen S und H dadurch ersetzt worden, dass H berechtigt ist, sich den Brief vom Grundbuchamt aushändigen zu lassen. Diese **Aushändigungsvereinbarung** ist formfrei und kann einseitig nicht widerrufen werden; sie **führt unmittelbar zum Rechtserwerb**, sodass unerheblich ist, wann der Brief hergestellt und wem er übergeben wird.[154]

Mithin liegt eine wirksame Aushändigungsvereinbarung nach § 1117 Abs. 2 vor.

V. Darüber hinaus müssten sich H und S im Zeitpunkt des Rechtserwerbs auch noch darüber **einig** gewesen sein, dass zugunsten des H eine Hypothek am Grundstück des S bestellt werden soll.
Im Zeitpunkt der Eintragung, der für den Rechtserwerb eines Rechts an einem Grundstück gemäß § 873 Abs. 1 grundsätzlich maßgeblich ist, waren sich H und S mangels anderweitiger Anhaltspunkte (z.B. Widerruf o.Ä.) auch noch einig darüber, dass zugunsten des H eine Hypothek am Grundstück des S bestellt wird.

VI. Ferner müsste S zur Hypothekenbestellung (Ersterwerb) nach §§ 873 Abs. 1, 1113 **berechtigt** gewesen sein.
Zur Belastung des Grundstücks mit einem beschränkt dinglichen Recht ist nur der verfügungsbefugte Eigentümer oder der verfügungsbefugte Nichteigentümer berechtigt.[155]
S war jedoch weder verfügungsbefugter Eigentümer noch verfügungsbefugter Nichteigentümer des Grundstücks und damit zur Belastung des Grundstücks mit einer Hypothek nicht berechtigt.

VII. Mangels Berechtigung des S könnte H daher die Hypothek nur **gutgläubig vom Nichtberechtigten S nach § 892** erworben haben.

1. Das hierfür nach § 892 erforderliche **Rechtsgeschäft im Sinne eines Verkehrsgeschäftes** liegt zwischen H und S vor.

2. Ferner ist S fälschlicherweise als Eigentümer im Grundbuch eingetragen, sodass das **Grundbuch** auch i.S.d. § 892 **unrichtig** ist.

3. Darüber hinaus ist gemäß § 892 erforderlich, dass sich aufgrund der formellen Grundbuchlage eine Verfügungsbefugnis des S über die Hypothek (als Recht an einem Grundstück) ergibt.
Die **Legitimation** des S zur Verfügung über die Hypothek ergab sich aufgrund seiner Eintragung als Eigentümer und damit direkt aus dem Grundbuch.
Mithin legitimiert sich der verfügende S aufgrund der formellen Grundbuchlage zur Verfügung über die Hypothek.

4. Ferner müsste der Erwerber der Hypothek H gemäß § 892 gutgläubig gewesen sein.

---

154 Palandt/Bassenge § 1117 Rn. 3.
155 Palandt/Bassenge § 873 Rn. 11; Habersack Ex-Rep Sachenrecht Rn. 286 ff., 361 ff.

Die Gutgläubigkeit des Erwerbers wird gemäß § 892 Abs. 1 vermutet („es sei denn") und ist gemäß § 892 Abs. 1 S. 1 nur ausgeschlossen, wenn ihm die Unrichtigkeit des Grundbuchs bekannt ist. Dabei bezieht sich der Gutglaubensschutz gemäß § 892 Abs. 1 S. 1 auf eingetragene Rechte und gemäß § 892 Abs. 1 S. 2 auf nicht eingetragene und gelöschte relative Verfügungsbeschränkungen.

Im Zeitpunkt der Eintragung wusste H, dass E der wahre Eigentümer und das Grundbuch somit unrichtig ist. Als er den Eintragungsantrag beim Grundbuchamt stellte, war das hingegen noch nicht der Fall. Entscheidend ist somit, auf welchen Zeitpunkt es hier ankommt.

Beachten Sie die Parallele von § 892 Abs. 2 Hs. 1 und § 878: Bei beiden wird der Wortlaut einschränkend dahin ausgelegt, dass nur noch die Eintragung für den Rechtserwerb erforderlich sein darf (*vgl. Fall 14*). Denn nur dieser Zeitpunkt ist für die Parteien zufällig.

Grundsätzlich muss die Gutgläubigkeit bis zum Rechtserwerb (d.h. hier insbesondere bis zur Eintragung) vorliegen. Nach § 892 Abs. 2 Hs. 1 ist jedoch auf den Zeitpunkt der Stellung des Eintragungsantrags abzustellen, wenn zu dem Rechtserwerb noch die Eintragung erforderlich ist. Dem Wortlaut nach könnte dies immer gelten, wenn zum Rechtserwerb in Zukunft noch eine Eintragung erforderlich ist. Dies ist jedoch dem Zweck der Vorschrift entsprechend eng auszulegen. § 892 Abs. 2 will den Erwerber schützen, wenn bereits alle Voraussetzungen für den Rechtserwerb erfüllt sind und es nur noch an der (zeitlich für ihn zufälligen) Eintragung im Grundbuch fehlt. § 892 Abs. 2 Hs. 1 ist daher dahingehend auszulegen, dass auf den Zeitpunkt des Eintragungsantrags nur abzustellen ist, wenn zu dem Rechtserwerb **nur noch** die Eintragung erforderlich ist. Demnach kann die Vorschrift z.B. dann nicht greifen, wenn neben der Eintragung auch noch die Übergabe des Hypothekenbriefs erforderlich ist.[156] In diesem Fall hängt der Rechtserwerb nicht nur vom Grundbuchamt ab.

Hier ist bei der Briefhypothek gemäß § 1117 Abs. 1 grundsätzlich auch die Briefübergabe erforderlich. Diese wurde jedoch gemäß § 1117 Abs. 2 durch die Aushändigungsvereinbarung ersetzt. Für den Erwerb der Hypothek kommt es dabei nicht auf den Zeitpunkt der Aushändigung durch das Grundbuchamt an. Entstehungsvoraussetzung ist vielmehr allein die Aushändigungsvereinbarung (s.o.). Demnach war nach dieser Vereinbarung auch keine weitere Voraussetzung als die Eintragung mehr für den Rechtserwerb erforderlich. Insbesondere kam es nicht mehr auf die Aushändigung an.

Es waren somit alle Voraussetzungen für den Rechtserwerb bis auf die Eintragung erfüllt. § 892 Abs. 2 Hs. 1 findet somit Anwendung. Maßgeblich ist daher der Zeitpunkt der Antragstellung. Zu diesem war H noch gutgläubig (s.o.).

Mithin war H die Unrichtigkeit des Grundbuchs zum maßgeblichen Zeitpunkt nicht bekannt, sodass er gemäß § 892 gutgläubig war.

5. Des Weiteren ist auch **kein Widerspruch** gegen die Richtigkeit des Grundbuchs nach § 899 in das Grundbuch eingetragen worden.

---

156   MünchKomm/Kohler § 892 Rn. 55.

VIII. Somit erwirbt H die Hypothek im Wege des Ersterwerbs gutgläubig vom Nichtberechtigten S gemäß § 892, sodass er Hypothekengläubiger geworden ist.

Folglich ist der Anspruch auf Duldung der Zwangsvollstreckung von H gegenüber E aus § 1147 entstanden.

B. Anspruch nicht untergegangen (= „Hypothek nicht untergegangen")

Mangels Untergangs der zu sichernden Forderung und mangels Eingreifens von rechtsvernichtenden Einwendungen, die sich direkt gegen die hypothekarische Inanspruchnahme richten, ist der Anspruch auf Duldung der Zwangsvollstreckung von H gegenüber E aus § 1147 auch nicht untergegangen.

C. Anspruch durchsetzbar (= „Hypothek durchsetzbar")

Ferner liegen weder gegen die zu sichernde Forderung noch direkt gegen die hypothekarische Inanspruchnahme rechtshemmende Einwendungen vor, sodass der Anspruch auf Duldung der Zwangsvollstreckung von H gegenüber E aus § 1147 auch durchsetzbar ist.

Somit hat H gegenüber E einen Anspruch auf Duldung der Zwangsvollstreckung aus § 1147.

Fall 31: Zweiterwerb einer Hypothek vom Nichtberechtigten

Erfinder E hat wieder einmal eine zündende Idee und plant die Entwicklung eines aufblasbaren Weizenbierglases für die Jackentasche. Da die geschätzten Investitionskosten sein Budget um ein Vielfaches übersteigen, schließt er mit der Sparkasse S einen Darlehensvertrag über 200.000 €, um über ausreichend Barmittel zu verfügen. Zur Absicherung des Rückzahlungsanspruchs einigen sich S und E über die Bestellung einer Briefhypothek am Grundstück des E. Die Belastung des Grundstücks mit einer Hypothek wird im Grundbuch eingetragen und der Hypothekenbrief an S übergeben. Aufgrund begründeten Inhaltsirrtums ficht S wenig später die von ihr im Rahmen des Darlehensvertragsschlusses abgegebene Willenserklärung an. Dann übergibt sie dem stets gutgläubigen G den Hypothekenbrief und einigt sich mit ihm schriftlich darüber, dass von nun an G der Rückzahlungsanspruch zustehen soll.

Von G auf Rückzahlung der nach dem Darlehensvertrag fälligen Darlehenssumme i.H.v. 200.000 € in Anspruch genommen, wundert sich E doch sehr. Seiner Ansicht nach bestehen wegen der Anfechtung der S keinerlei Ansprüche.

Wie ist die Rechtslage?

1. Teil: Vertragliche Ansprüche des G gegen E

G könnte gegen E einen Anspruch auf Rückzahlung der Darlehenssumme ii.H.v. 200.000 € aus abgetretenem Recht gemäß §§ 488 Abs. 1 S. 2, 398 haben.

Dazu müsste zunächst eine wirksame Abtretung des Rückzahlungsanspruchs von S an G gemäß § 398 vorliegen.

I. Dann müssten sich S und G gemäß **§ 398** über die Abtretung des Rückzahlungsanspruchs **geeinigt** haben. S und G waren sich einig darüber, dass die Darlehensforderung nun nicht mehr S, sondern G zustehen soll. Mithin haben sie sich gemäß § 398 über die Abtretung der Darlehensforderung, also des Rückzahlungsanspruchs aus § 488 Abs. 1 S. 2, geeinigt.

II. Ferner müsste diese Einigung auch wirksam sein.
Die Abtretung der hypothekarisch gesicherten Forderung ist gemäß § 125 S. 1 i.V.m. §§ 1154 Abs. 1 S. 1, 1117 formwirksam, wenn die Abtretungserklärung nicht in schriftlicher Form erteilt wird und/oder der Hypothekenbrief nicht übergeben wird. Die Abtretung des Darlehensrückzahlungsanspruchs von S an G erfolgte schriftlich. Auch wurde G direkt von S der Hypothekenbrief gemäß §§ 1117 Abs. 1 S. 2, 929 S. 1 ausgehändigt.
Somit ist die Abtretung nicht gemäß § 125 S. 1 i.V.m. §§ 1154 Abs. 1 S. 1, 1117 formunwirksam und mangels Eingreifens anderweitiger Nichtigkeitsgründe damit insgesamt wirksam.

III. S müsste zur Abtretung des Rückzahlungsanspruchs **berechtigt** gewesen sein. Zur Abtretung einer Forderung ist nur der verfügungsbefugte Forderungsinhaber oder der verfügungsbefugte Nichtforderungsinhaber

berechtigt, der vom wahren Forderungsinhaber zur Verfügung gemäß § 185 Abs. 1 ermächtigt ist oder aber gesetzlich verfügungsbefugt ist.[157]
Fraglich ist hier bereits, ob S überhaupt Forderungsinhaberin gewesen ist. Aufgrund begründeten Inhaltsirrtums (§ 119 Abs. 1 Var. 1) und der deshalb erfolgten Anfechtung (§ 143) ist die von S im Rahmen des Vertragsabschlusses mit E abgegebene Willenserklärung gemäß § 142 Abs. 1 ex tunc – also von Anfang an – nichtig. Somit haben S und E keinen wirksamen Darlehensvertrag geschlossen, sodass S trotz vollständiger Ausbezahlung der Darlehenssumme nicht Forderungsinhaberin eines Darlehensrückzahlungsanspruchs aus § 488 Abs. 1 S. 2 geworden ist.

Mithin besteht schon keine Darlehensforderung und damit ist S auch nicht zur Abtretung eines Rückzahlungsanspruchs aus § 488 Abs. 1 S. 2 berechtigt.

IV. Mangels Berechtigung der S und folglich mangels wirksamer Abtretung des Rückzahlungsanspruchs von S an G ist ein Anspruch des G gegenüber E auf Rückzahlung der Darlehenssumme aus §§ 488 Abs. 1 S. 2, 398 nicht entstanden.

Beachte:
Es gibt grundsätzlich keinen gutgläubigen Forderungserwerb (Ausnahme: § 405).

Mithin hat G gegenüber E keinen Anspruch auf Rückzahlung der Darlehenssumme i.H.v. 200.000 € aus abgetretenem Recht gemäß §§ 488 Abs. 1 S. 2, 398.

2. Teil: Dingliche Ansprüche des G gegen E

G könnte gegen E jedoch einen Anspruch auf Duldung der Zwangsvollstreckung in sein Grundstück aus § 1147 haben.

Dazu müsste G zunächst Inhaber einer Hypothek, also Hypothekengläubiger, geworden sein.
G könnte die Hypothek im Wege des Zweiterwerbs von S gemäß §§ 1153 Abs. 1, 1154, 398 erworben haben, indem S durch Abtretung der gesicherten Darlehensforderung die Hypothek auf G übertragen hat.

I. Dazu müssten sich S und G über die Abtretung der Darlehensforderung zunächst gemäß § 398 **geeinigt** haben.
S und G waren sich einig darüber, dass die Darlehensforderung nicht mehr S, sondern G zustehen soll und haben sich daher gemäß § 398 über die Abtretung der hypothekarisch gesicherten Forderung aus § 488 Abs. 1 S. 2 geeinigt (s.o. 1. Teil).

Ferner müsste diese Einigung auch wirksam sein.
Die Abtretung der zu sichernden Forderung ist hier insbesondere nicht gemäß § 125 S. 1 i.V.m. §§ 1154 Abs. 1 S. 1, 1117 formunwirksam, da die Abtretungserklärung in schriftlicher Form erteilt und der Hypothekenbrief übergeben worden ist (s.o. 1. Teil). Andere rechtshindernde Einwendungen (= Nichtigkeitsgründe) kommen nicht in Betracht, sodass die Einigung wirksam ist.

---

157 Staudinger/Busche Einl. §§ 398 ff. Rn. 17; Coester-Waltjen Jura 2003, 23 ff.; Schreiber Jura 2007, 266 ff.

II. Des Weiteren müsste S zur Abtretung der gesicherten Forderung **im Zeitpunkt der Abtretung berechtigt** gewesen sein.

Zur Abtretung einer hypothekarisch gesicherten Forderung zum Zwecke des Zweiterwerbs der Hypothek ist der verfügungsbefugte Forderungsinhaber bzw. der vom Forderungsinhaber gemäß § 185 Abs. 1 ermächtigte oder kraft Gesetzes verfügungsbefugte Nichtforderungsinhaber, der zugleich auch Hypothekengläubiger ist, berechtigt.

Wie bereits festgestellt (s.o. 1. Teil), ist S jedoch nicht Inhaberin der hypothekarisch gesicherten Forderung. Denn zum Zeitpunkt der Abtretung an G war S wegen Anfechtung der Darlehensforderung gemäß § 142 Abs. 1 ex tunc nicht Inhaberin der Forderung.

Somit war S auch nicht zur Abtretung der hypothekarisch gesicherten Darlehensforderung berechtigt.

Nach § 1138 wird **zum Zwecke des Hypothekenerwerbs** die **Forderung** bei Vorliegen des § 892 **fingiert** („in Ansehung der Forderung"), da ein gutgläubiger Forderungserwerb grundsätzlich nicht möglich ist, ein gutgläubiger Hypothekenerwerb gleichwohl möglich sein soll. **Das dingliche Recht ist also stärker!**

III. Mangels Berechtigung der S wegen fehlender Forderungsinhaberschaft **(Mangel in der Forderung)** könnte G daher die Hypothek nur **gutgläubig** von der Nichtberechtigten S nach §§ 1138, 892 erworben haben. Das bedeutet, dass dann die fehlende Forderungsberechtigung der S gemäß § 1138 überwunden und für den Übergang der Hypothek nach § 1153 fingiert würde, wenn die Voraussetzungen des § 892 in Ansehung der Forderung vorliegen.

1. Das hierfür nach §§ 1138, 892 erforderliche **Rechtsgeschäft im Sinne eines Verkehrsgeschäftes** liegt zwischen H und S vor.

2. Ferner ist S fälschlicherweise als Hypothekeninhaberin im Grundbuch eingetragen, sodass das **Grundbuch in Ansehung der Forderung** gemäß §§ 1138, 892 **unrichtig** ist.

3. Des Weiteren ergab sich die nach §§ 1138, 892 erforderliche Berechtigung des S zur Verfügung über die Hypothek aufgrund ihrer Eintragung als Hypothekengläubigerin auch direkt aus dem Grundbuch.

4. Zudem war „der stets gutgläubige" G auch bzgl. des Bestehens der Forderung und damit „in Ansehung" der Forderung nach §§ 1138, 892 gutgläubig.

5. Ferner war gegen die Richtigkeit des Grundbuchs kein Widerspruch nach §§ 1138, 899 eingetragen worden. Somit liegen die Voraussetzungen der §§ 1138, 892 vor, sodass die Darlehensforderung gemäß § 1138 fingiert ist, um die Hypothek gemäß § 1153 übergehen zu lassen. Das bedeutet, dass der **Mangel in der Forderung behoben** ist.

6. Damit nun die Hypothek kraft Gesetzes nach § 1153 übergehen kann, müsste S aber auch (abgesehen von der fehlenden Forderungsinhaberschaft) Hypothekengläubigerin im Zeitpunkt der Abtretung gewesen sein.

E und S einigten sich i.S.d. §§ 873 Abs. 1, 1113, 1115 auf die Bestellung einer Hypothek am Grundstück des E. Diese wurde auch eingetragen und es kam zur Briefübergabe i.S.d. § 1117 Abs. 1. Daher liegen – abgesehen vom Bestehen der zu sichernden Forderung – keine weiteren Unwirksamkeitsgründe vor, die über Gutglaubensvorschriften behoben werden müssten.

7. Demnach hat G die Hypothek gutgläubig von der Nichtberechtigten S im Wege des Zweiterwerbs nach §§ 398, 1154, 1153, 1138, 892 erworben und ist Hypothekengläubiger geworden, sodass der Anspruch auf Duldung der Zwangsvollstreckung von G gegenüber E aus § 1147 entstanden ist.

IV. Mangels Untergangs der zu sichernden Forderung und mangels Eingreifens von rechtsvernichtenden Einwendungen, die sich gegen die hypothekarische Inanspruchnahme richten, ist der **Anspruch** des G auf Duldung der Zwangsvollstreckung auch **nicht untergegangen**.

V. Ferner liegen weder gegen die zu sichernde Forderung noch direkt gegen die hypothekarische Inanspruchnahme rechtshemmende Einwendungen vor, sodass der Anspruch auf Duldung der Zwangsvollstreckung von G gegenüber E aus § 1147 auch nicht in seiner **Durchsetzbarkeit** gehemmt ist.

Somit hat G gegenüber E einen Anspruch auf Duldung der Zwangsvollstreckung aus § 1147.

Anmerkung:

*Beim **Mangel im dinglichen Recht** (z.B. Anfechtung der Hypothekenbestellung) bedarf es für den gutgläubigen Zweiterwerb der Hypothek nur des § 892 (ggf. auch des § 1155) bzgl. der Hypothek.*

*Beim **Doppelmangel** (z.B. Anfechtung der Forderung und der Hypothekenbestellung) bedarf es für den gutgläubigen Zweiterwerb der Hypothek der §§ 1138, 892 in Ansehung der Forderung und des § 892 (ggf. auch des § 1155) bzgl. der Hypothek. Ist die Hypothek nur deswegen nicht entstanden, weil die zu sichernde Forderung nicht bestand (wie hier), genügen die §§ 1138, 892 in Ansehung der Forderung (s.o.).*

Fall 32: Schuldnerbestimmte Einrede des Eigentümers gegen die hypothekarische Inanspruchnahme aus § 1137

Nach diversen Streitigkeiten schließen G und S zur Streitbeilegung einen außergerichtlichen Vergleich. Darin vereinbaren sie, dass S zur Abgeltung aller gegenseitigen Forderungen einen Betrag von 100.000 € an G zahlen soll. Zur Absicherung der Forderung des G wird in der Folgezeit am Grundstück des X, der S noch einen Gefallen schuldet, zugunsten des G eine Buchhypothek bestellt und auch im Grundbuch eingetragen. Genervt von den ständigen Auseinandersetzungen gönnt G sich eine Weltreise, um auszuspannen und seinen inneren Frieden mit S zu schließen. Nach seiner Rückkehr hat G Kummer und Sorgen vergessen und denkt zunächst nicht an den Vergleich, den er mit S geschlossen hat. Als ihm etliche Jahre später der Vergleich beim Aufräumen wieder in die Hände fällt, macht er umgehend gegenüber S seine Ansprüche aus dem Vergleich und gegenüber X seine Ansprüche aus der Hypothek geltend. Müde lächelnd erwidern S und X, dass sie keinen Cent bezahlen werden, da die Vergleichsforderung mittlerweile verjährt ist.

Wie ist die Rechtslage?

1. Teil: Ansprüche des G gegen S (aus dem Vergleich)

G könnte gegen S einen Anspruch auf Zahlung i.H.v. 100.000 € aus dem Vergleich nach § 779 Abs. 1 haben.

I. Mit Abschluss eines wirksamen Vergleichs i.S.d. § 779 Abs. 1, durch den die zwischen G und S bestehenden Rechtsstreitigkeiten im Wege gegenseitigen Nachgebens beseitigt werden, ist der Anspruch des Gläubigers G gegenüber dem Schuldner S zur Entstehung gelangt.

II. Mangels Eingreifens von rechtsvernichtenden Einwendungen zugunsten des S ist der Anspruch auch nicht untergegangen.

III. Jedoch ist die Vergleichsforderung und damit der Anspruch des G aus dem Vergleich nach § 779 Abs. 1 nicht durchsetzbar, da der persönliche Schuldner S wirksam gemäß § 214 Abs. 1 die Einrede der Verjährung erhoben hat und damit die Zahlung der 100.000 € dauerhaft verweigern kann.

Somit hat G gegenüber S keinen Anspruch auf Zahlung i.H.v. 100.000 € aus dem Vergleich nach § 779 Abs. 1.

2. Teil: Ansprüche des G gegen X (aus der Hypothek)

G könnte jedoch gegenüber X einen Anspruch auf Duldung der Zwangsvollstreckung gemäß § 1147 haben.

I. Indem G im Wege des Ersterwerbs gemäß §§ 873 Abs. 1, 1113, 1115 ff. Inhaber einer Hypothek am Grundstück des X, also Hypothekengläubiger, geworden ist, ist sein **Anspruch** gegenüber X auf Duldung der Zwangsvollstreckung **aus § 1147 entstanden**.

II. Mangels Untergangs der zu sichernden Forderung und mangels Eingreifen von rechtsvernichtenden Einwendungen, die sich direkt gegen die hypothekarische Inanspruchnahme richten, ist der **Anspruch** auf Duldung der Zwangsvollstreckung von G gegenüber X aus § 1147 **auch nicht untergegangen**.

III. Ferner müsste der **Anspruch** auf Duldung der Zwangsvollstreckung aus § 1147 auch **durchsetzbar** sein.

Das ist dann nicht der Fall, wenn dem Anspruchsgegner X ein Leistungsverweigerungsrecht zusteht, kraft dessen er die Duldung der Zwangsvollstreckung dauerhaft oder jedenfalls vorübergehend verweigern kann.

1. In Betracht kommt zunächst eine **eigentümerbezogene Einrede** des X i.S.d. § 1157.

Aus § 1157 S. 1 folgt, dass es Einreden des Eigentümers gegenüber dem Hypothekengläubiger gibt, die ihm (= dem Eigentümer) aufgrund eines zwischen ihm und dem Gläubiger bestehenden Rechtsverhältnisses zustehen. Die Hypothek wird als streng akzessorisches Sicherungsmittel dem Sicherungsnehmer vom Sicherungsgeber zur Absicherung einer Forderung hingegeben. Daher liegt der Belastung eines Grundstücks mit einer Hypothek auch immer – ausdrücklich oder konkludent – eine Sicherungsabrede zugrunde, im Rahmen derer z.B. der Gläubiger dem Eigentümer zusagen kann, die Hypothek während einer gewissen Zeit nicht geltend zu machen (Stundungseinrede, vgl. § 205) oder erst Befriedigung aus der persönlichen Forderung, dann erst aus der Hypothek zu suchen, etc.[158] Eigentümerbezogene Einreden i.S.d. § 1157 müssen also immer direkt im Rahmen des der Hypothekenbestellung zugrunde liegenden Rechtsverhältnisses, also im Rahmen der Sicherungsabrede, vereinbart werden.

Dies ist vorliegend jedoch nicht geschehen. G und X haben bei der Hypothekenbestellung keinerlei Vereinbarung hinsichtlich etwaiger Leistungsverweigerungsrechte des X getroffen.

Mithin steht X keine eigentümerbezogene Einrede i.S.d. § 1157 zu.

2. Jedoch könnte X eine **schuldnerbestimmte Einrede** i.S.d. § 1137 zustehen.

Schuldnerbestimmte Einreden können den Bestand oder den Fortbestand des dinglichen Rechts in der Person des Gläubigers betreffen. So kann der Eigentümer nach § 1137 Abs. 1 S. 1 Var. 1 gegen die hypothekarische Inanspruchnahme die dem persönlichen Schuldner gegen die Forderung zustehenden Einreden geltend machen.

Dem persönlichen Schuldner S steht hier gegen die Vergleichsforderung des G die Einrede der Verjährung aus § 214 Abs. 1 zu. Diese Einrede kann X als Eigentümer gemäß § 1137 Abs. 1 S. 1 Var. 1 also grundsätzlich auch der Inanspruchnahme aus der Hypothek entgegenhalten. Jedoch bestimmt **§ 216 Abs. 1**, dass die Verjährung eines Anspruchs, für den eine Hypothek

---

158 Baur/Stürner Sachenrecht § 38, Rn. 67; Habersack Ex-Rep Sachenrecht Rn. 374.

besteht, den Gläubiger nicht hindert, seine Befriedigung aus dem belasteten Gegenstand, also dem Grundstück, zu suchen. Damit kann sich X wegen § 216 Abs. 1 ausnahmsweise nicht auf die dem S zustehende Einrede der Verjährung aus § 214 Abs. 1 gegenüber G berufen.

Mithin steht X auch keine schuldnerbestimmte Einrede i.S.d. § 1137 zur Seite, sodass der Anspruch auf Duldung der Zwangsvollstreckung aus § 1147 durchsetzbar ist.

Somit hat G gegenüber X einen Anspruch auf Duldung der Zwangsvollstreckung aus § 1147.

2. Abschnitt: Die Grundschuld

Fall 33: Ersterwerb einer Briefgrundschuld vom Berechtigten

E ist Eigentümer eines ländlich gelegenen Grundstücks, das mit einer Scheune bebaut ist. Da nach Änderungen der Bauleitplanung auf dem Grundstück nunmehr auch Wohnbebauung zulässig ist, lässt E zum Zwecke des Umbaus der Scheune in ein schmuckes Bauernhaus die Handwerker kommen. Nach umfangreichen Sanierungsmaßnahmen vereinbart E mit dem Handwerker H, dass nicht zuletzt wegen einer Werklohnforderung des H das Grundstück des E zugunsten des H mit einer Grundschuld belastet werden soll. Diese Belastung wird im Grundbuch eingetragen. Ob E den über die Grundschuld erstellten Grundschuldbrief auch an H ausgehändigt hat, ist zwischen den Parteien streitig. Fest steht nur, dass unter nicht näher geklärten Umständen der H in den Besitz des Grundschuldbriefes gelangt ist.

Kann E von H den Grundschuldbrief herausverlangen?

E könnte gegenüber H einen Anspruch auf Herausgabe des Grundschuldbriefes aus §§ 985, (986) haben.

I. Dazu müsste E gemäß § 985 zunächst **Eigentümer** des herausverlangten Grundschuldbriefes sein.

Nach § 952 Abs. 2 i.V.m. Abs. 1 steht das Eigentum an einem Grundschuldbrief dem Grundschuldgläubiger zu. Das bedeutet, dass E nur dann Eigentümer des Grundschuldbriefes geworden ist, wenn er auch Inhaber der Grundschuld (sog. **Eigentümergrundschuld, § 1196**) ist.

Merke:
Das Recht am Papier folgt dem Recht aus dem Papier, § 952!

H könnte jedoch gemäß §§ 873 Abs. 1, 1191, 1192 Abs. 1, 1115 ff. die Grundschuld im Wege des Ersterwerbs von E erlangt haben.

1. Dann müssten sich E und H gemäß §§ 873 Abs. 1, 1191 zunächst darüber **geeinigt** haben, dass das Grundstück des E in der Weise belastet wird, dass zugunsten des H eine bestimmte Geldsumme aus dem Grundstück zu zahlen ist.

E und H haben die Belastung des Grundstücks des E mit einer Grundschuld vereinbart und sich damit gemäß § 873 Abs. 1 mit dem Inhalt des § 1191 geeinigt. Mangels entgegenstehender Nichtigkeitsgründe ist die Einigung auch wirksam.

2. Des Weiteren müsste die Bestellung der Grundschuld zulasten des E und zugunsten des H gemäß § 873 Abs. 1 mit dem in §§ 1192 Abs. 1, 1115 genannten Umfang im Grundbuch **eingetragen** worden sein. Dies ist hier der Fall.

3. Ferner müsste der Grundschuldbrief gemäß §§ 1192 Abs. 1, 1117 dem H übergeben worden sein.
Zwischen den Parteien ist streitig, ob der Grundschuldbrief wirklich i.S.d. §§ 1192 Abs. 1, 1117 Abs. 1 S. 2 i.V.m. §§ 929 S. 2, 930 oder 931 dem H übergeben worden ist. Nach §§ 1192 Abs. 1, 1117 Abs. 3 wird jedoch zu-

Für die Briefübergabe und die Briefübergabe-surrogate gelten gemäß §§ 1192 Abs. 1, 1117 Abs. 1 S. 2 die §§ 929 S. 2, 930, 931.

gunsten des Grundschuldgläubigers vermutet, dass die Übergabe erfolgt ist, wenn er im Besitz des Briefes ist. Hier ist H im Besitz des Grundschuldbriefes, sodass die Übergabe auch gemäß §§ 1192 Abs. 1, 1117 erfolgt ist.

4. Ferner müssten sich E und H gemäß § 873 Abs. 1 im Zeitpunkt der Eintragung der Grundschuld auch noch **einig** über die Belastung des Grundstücks mit derselben gewesen sein. Bis dahin ist die Einigung frei widerruflich, es sei denn die Bindungswirkung nach § 873 Abs. 2 ist bereits ausgelöst worden

Hier waren sich E und H im Zeitpunkt der Eintragung der Grundschuld über deren Bestellung gemäß § 873 Abs. 1 einig; ein Widerruf ist nicht erfolgt.

5. Ferner müsste E zur Grundschuldbestellung im Wege des Ersterwerbs nach §§ 873 Abs. 1, 1191 **berechtigt** gewesen sein.

Zur Belastung des Grundstücks mit einem beschränkt dinglichen Recht ist nur der verfügungsbefugte Eigentümer oder der verfügungsbefugte Nichteigentümer berechtigt.[159]

E ist verfügungsbefugter Eigentümer seines Grundstücks und damit auch zur Grundschuldbestellung berechtigt.

II. Somit hat H von E gemäß §§ 873 Abs. 1, 1191, 1192 Abs. 1, 1115 ff. im Wege des Ersterwerbs eine Grundschuld erworben und ist damit Grundschuldgläubiger geworden.

Folglich ist E mangels Grundschuldgläubigerschaft gemäß § 952 nicht Eigentümer des von ihm herausverlangten Grundschuldbriefes.

Somit hat E gegenüber H keinen Anspruch auf Herausgabe des Grundschuldbriefes aus §§ 985, (986).

> Die **Grundschuld** ist (im Unterschied zur Hypothek) **nicht akzessorisch** und vom Bestand einer Forderung unabhängig.
> Man kann auf der Grundlage eines schuldrechtlichen Sicherungsvertrages aber auch eine Grundschuld zur Sicherung einer Forderung bestellen (**Sicherungsgrundschuld, § 1192 Abs. 1a**).

---

159 Palandt/Bassenge § 873 Rn. 11; Habersack Ex-Rep Sachenrecht Rn. 286 ff., 361 ff.

Fall 34: Zweiterwerb einer Buchgrundschuld vom Berechtigten

Die Volksbank V finanziert den Neubau der Familie F mit einem Kredit i.H.v. 230.000 € und lässt sich zu dessen Absicherung eine Grundschuld in vorgenannter Höhe am Grundstück der F einräumen. Die Erteilung eines Grundschuldbriefes hat man wirksam ausgeschlossen.

Da sich V im Laufe des aktuellen Geschäftsjahres einigen Liquiditätsengpässen gegenübersieht, überträgt sie die Grundschuld gegen Zahlung eines Betrages von 200.000 € auf die Bodenkreditbank B, um sich unbeschwert ihren Aufgaben widmen zu können. Die Übertragung der Grundschuld wird auch im Grundbuch vermerkt.

Da F sich nach dem Ablauf der Zinsbindung aus dem Darlehensvertrag mit V nicht in der Lage sieht, den Kredit weiter zu bedienen, stellt V die Restschuld aus dem Kredit in Höhe von 200.000 € fällig. Zur gleichen Zeit meldet sich B bei F und verlangt die Duldung der Zwangsvollstreckung. Da F bislang nichts von der Übertragung der Grundschuld wusste und zudem der Ansicht ist, dass sie der Übertragung wenigstens hätte zustimmen müssen, ist sie auch nicht bereit, die Zwangsvollstreckung zu dulden.

Zu Recht?

B könnte gegenüber der F einen Anspruch auf Duldung der Zwangsvollstreckung in das Grundstück der F aus §§ 1192 Abs. 1, 1147 haben.

Die Duldung der Zwangsvollstreckung kann B nach §§ 1192 Abs. 1, 1147 nur verlangen, wenn B am Grundstück der F eine Grundschuld erworben hat, diese nicht wieder erloschen ist und der Inanspruchnahme aus der Grundschuld auch keine Einreden entgegenstehen.

A. Anspruch entstanden (= „Grundschuld entstanden")

Zunächst müsste B also eine Grundschuld erworben haben und damit Grundschuldgläubigerin geworden sein.

In Betracht kommt hier ein **Zweiterwerb der Grundschuld** der B durch Abtretung der Grundschuld von V nach §§ 1192 Abs. 1, 1154 ff., 873 Abs. 1 Var. 3.

I. Dann müssten sich B und V gemäß §§ 1192 Abs. 1, 1154 ff. zunächst darüber **geeinigt** haben, dass die Grundschuld von V an B abgetreten wird.

Um sich unbeschwert ihren Aufgaben widmen zu können und den eigenen Liquiditätsengpässen entgegenzuwirken, hat V die Grundschuld auf die Bodenkreditbank B übertragen. Damit haben sich V und B darüber geeinigt, dass die Grundschuld von nun an der B zustehen soll.

Mithin haben sich B und V über die Abtretung der Grundschuld geeinigt.

Ferner müsste diese Einigung auch wirksam sein.

Die Abtretung einer Buchgrundschuld wäre jedoch dann gemäß § 125 S. 1 i.V.m. §§ 1192 Abs. 1, 1154 Abs. 3, 873 Abs. 1 formwirksam, wenn die Abtretung der Buchgrundschuld nicht in das Grundbuch eingetragen worden ist.

Der **Zweiterwerb** der **Grundschuld** vollzieht sich **durch Abtretung (der Grundschuld)** nach §§ 1192 Abs. 1, 1154 ff. (= Verfügungsgeschäft). § 1153 Abs. 1 gilt wegen der dort vorausgesetzten Akzessorietät nicht.

Merke:
Eine Grundschuld muss nach § 1192 Abs. 1 in der Form des § 1154 abgetreten werden.

109

Die Übertragung der Grundschuld und damit die Abtretung ist hier im Grundbuch eingetragen, sodass die Formvorschriften der §§ 1192, 1154 Abs. 3, 873 Abs. 1 gewahrt worden sind. Mangels anderweitiger Nichtigkeitsgründe ist damit die Einigung auch insgesamt wirksam.

II. Des Weiteren müsste V zur Abtretung der Grundschuld nach §§ 1192 Abs. 1, 1154 ff. **berechtigt** sein.

Zur Abtretung einer Grundschuld ist der verfügungsbefugte Grundschuldinhaber oder der verfügungsbefugte Nichtgrundschuldinhaber berechtigt, der vom wahren Rechtsinhaber zur Verfügung über die Grundschuld gemäß § 185 Abs. 1 ermächtigt ist oder aber gesetzlich verfügungsbefugt ist.[160]

V könnte hier verfügungsbefugte Grundschuldinhaberin durch **Ersterwerb der Grundschuld** von F gemäß §§ 873 Abs. 1, 1191, 1192 Abs. 1, 1115 ff. geworden sein.

1. Die hierfür zunächst erforderliche **Einigung** (§§ 873 Abs. 1, 1191) zwischen F und V über die Bestellung einer Buchgrundschuld i.H.v. 230.000 € am Grundstück der F liegt vor. Beide haben im Rahmen der Einigung §§ 1191, 1192 Abs. 1, **1116 Abs. 2** die Erteilung eines Grundschuldbriefes ausgeschlossen.

2. Zudem ist die nach §§ 873 Abs. 1, 1192, 1115, 1116 Abs. 2 erforderliche **Eintragung** der Buchgrundschuld im Grundbuch erfolgt.

3. Ferner müssten sich V und F gemäß § 873 Abs. 1 im Zeitpunkt der Eintragung der Buchgrundschuld auch noch **einig** über die Belastung des Grundstücks mit derselben gewesen sein. Bis dahin ist die Einigung frei widerruflich, es sei denn die Bindungswirkung nach § 873 Abs. 2 ist bereits ausgelöst worden.

Mangels Widerrufs o.Ä. waren sich V und F im Zeitpunkt der Eintragung der Grundschuld über deren Bestellung gemäß § 873 Abs. 1 auch noch einig.

4. Des Weiteren ist F als verfügungsbefugte Grundstückseigentümerin auch zur Grundschuldbestellung **berechtigt**.

Folglich hat V im Wege des Ersterwerbs von F gemäß §§ 873 Abs. 1, 1191, 1192, 1115 ff. die Grundschuld erworben, ist damit Grundschuldgläubigerin geworden und als verfügungsbefugte Grundschuldinhaberin somit zur Abtretung berechtigt.

Mithin hat B die Grundschuld **im Wege des Zweiterwerbs** durch Abtretung von V nach §§ 1192 Abs. 1, 1154 ff., 873 Abs. 1 Var. 3 wirksam erworben, sodass der Anspruch auf Duldung der Zwangsvollstreckung von B gegenüber F entstanden ist.

---

160 Vgl. BGH NJW-RR 1993, 369, 370; Palandt/Bassenge § 1191 Rn. 8; vgl. Baur/Stürner Sachenrecht § 44 Rn. 13 und § 45 Rn. 54 ff.

B. Anspruch nicht untergegangen (= „Grundschuld nicht untergegangen")

Mangels Eingreifens von rechtsvernichtenden Einwendungen, die sich gegen die Inanspruchnahme aus der Grundschuld richten, ist der Anspruch auf Duldung der Zwangsvollstreckung von B gegenüber F aus §§ 1192 Abs. 1, 1147 auch nicht untergegangen.

*Bei Tilgung der Grundschuld geht diese auf den Eigentümer über (**Eigentümergrundschuld**) und der Anspruch erlischt (dogmatische Begründung str.).*

C. Anspruch durchsetzbar (= „Grundschuld durchsetzbar")

Ferner liegen keine rechtshemmenden Einwendungen vor, die sich gegen die Inanspruchnahme aus der Grundschuld richten, sodass der Anspruch auf Duldung der Zwangsvollstreckung von B gegenüber F aus §§ 1192 Abs. 1, 1147 auch nicht in seiner Durchsetzbarkeit gehemmt ist.

Somit hat B gegenüber der F einen Anspruch auf Duldung der Zwangsvollstreckung aus §§ 1192 Abs. 1, 1147.

Anmerkung:

*Da die Grundschuld hier zur Absicherung der Darlehensforderung aus § 488 Abs. 1 S. 2 bestellt worden ist, liegt eine **Sicherungsgrundschuld nach § 1192 Abs. 1 a** vor.*

*Da § 1153 für die Grundschuld nicht gilt, wird die Forderung bei einer Sicherungsgrundschuld getrennt von der Grundschuld abgetreten. Zwar können Forderung und Grundschuld gemeinsam abgetreten werden, aber die Abtretung der **Forderung richtet sich nach §§ 398 ff.** und die Abtretung der **Grundschuld nach §§ 1192, 1154 ff.**[161] Die §§ 1192, 1154 ff. sind für die Übertragung einer Grundschuld nämlich spezieller als der subsidiäre § 413, der ansonsten die Abtretung regeln würde.[162] Daher kann z.B. die Forderung formlos nach § 398 abgetreten werden (anders bei der Hypothek!), während die Abtretung der Grundschuld nach § 1192 Abs. 1 der Form des § 1154 bedarf.*

Der Übertragung einer Sicherungsgrundschuld als Verfügungsgeschäft i.S.d. § 1192 Abs. 1 a liegt ein schuldrechtlicher Sicherungsvertrag als Verpflichtungsgeschäft (nach § 311) zugrunde. Diese Geschäfte sind aufgrund des Abstraktionsprinzips in ihrem Bestand voneinander unabhängig, gleichwohl beeinflussen sie sich (vgl. dazu Fall 36).

161　Palandt/Bassenge § 1191 Rn. 8, 22; Baur/Stürner Sachenrecht § 45 Rn. 56; Habersack Ex-Rep Sachenrecht, Rn. 404.
162　Palandt/Grüneberg § 413 Rn. 2.

Fall 35: Die Grenzen der Beschränkung des Anspruchs auf Rückgewähr der Grundschuld
(BGH 18.07.2014 – V ZR 178/13, BGH RÜ 2014, 689)

S und F wollen im Jahr 2011 gemeinsam eine Halle errichten, um sie einem ihrer Bauunternehmen (einer GmbH) zu vermieten. Sie nehmen daher als Gesamtschuldner persönlich bei der G-Bank ein Darlehen über 200.000 € auf, das der Finanzierung des Projekts dienen soll. Als Sicherheit bestellt S zugunsten der G-Bank eine Grundschuld an einem Grundstück, das ihm alleine gehört. Gesichert soll nur die Forderung der G-Bank aus diesem Darlehensvertrag sein. Der Sicherungsvertrag enthält ferner folgende Regelung, die die G-Bank üblicherweise ihren Kunden vorlegt und auf die der Mitarbeiter immer besonders hinweist:

„Sicherungsgeber ist S. (…)

Soweit dem Sicherungsgeber nach Erledigung des vereinbarten Sicherungszwecks ein Rückgewähranspruch auf die oben bezeichnete Grundschuld zusteht, ist dieser auf den Anspruch auf Löschung (Aufhebung) der Grundschuld beschränkt, es sei denn, dass im Zeitpunkt der Rückgewähr das Eigentum an dem belasteten Grundstück durch Zuschlag in der Zwangsversteigerung gewechselt hat."

Ende 2012 schied S aus der GbR und der GmbH aus. Er vereinbarte mit F, dass dieser allein für die Verbindlichkeit aus dem Darlehensvertrag einstehen soll. Dafür (und wegen anderer Schulden) übertrug S ihm das Eigentum an dem Grundstück, sodass F Eigentümer des Grundstücks wurde. Mitte 2013 kündigte die G wirksam das Darlehen gegenüber S und F. Sie verlangt von S Rückzahlung der noch ausstehenden Darlehensschuld i.H.v. 50.000 €. Die übrigen 150.000 € wurden von S und F auf die Forderung gezahlt. S macht geltend, dass er nicht mehr hafte. Im Übrigen sei er nur Zug-um-Zug gegen Abtretung der Grundschuld zur Zahlung bereit, um bei F Regress zu nehmen und hierfür eine Sicherheit zu haben.

Hat die G einen durchsetzbaren Anspruch gegen S auf Zahlung der 50.000 €?

G könnte einen Anspruch gegen S auf Darlehensrückzahlung von 50.000 € aus § 488 Abs. 1 S. 2 haben.

A. Anspruch entstanden

Dazu müssten G und S zunächst einen wirksamen Darlehensvertrag geschlossen haben und die Darlehnsvaluta müsste auch ausbezahlt worden sein.

S nahm persönlich ein Darlehen i.H.v. 200.000 € bei G auf. Er handelte somit im eigenen Namen und nicht für eine (etwa zwischen S und F bestehende) GbR. Ferner zahlte die G den gesamten Betrag an S und F aus.

Ein Darlehensrückzahlungsanspruch gegen S i.H.v. 200.000 € aus § 488 Abs. 1 S. 2 ist somit entstanden.

B. Anspruch untergegangen

I. Durch Zahlung von S (oder F) ist der Anspruch gemäß **§ 362 Abs. 1 (i.V.m. § 422 Abs. 1 S. 1)** nur i.H.v. 150.000 € untergegangen.

II. Der verbleibende Anspruch gegen S könnte ferner durch eine **Schuldübernahme** des F erloschen sein. Voraussetzung ist, dass die Schuld wirksam auf F übergegangen ist (privative Schuldübernahme). Nach § 415 Abs. 1 S. 1 ist das nur dann der Fall, wenn S und F eine solche Schuldübernahme vereinbart haben und die G diese genehmigt hat.

Ob S und F tatsächlich eine Schuldübernahme vereinbaren wollten (oder eher eine Erfüllungsübernahme i.S.d. § 329) kann wegen der fehlenden Zustimmung der G dahinstehen. Wegen § 415 Abs. 1 S. 1 ist die Schuld jedenfalls nicht für S schuldbefreiend auf F übergegangen.

Der Anspruch der G gegen S i.H.v. 50.000 € ist somit nicht untergegangen.

C. Anspruch durchsetzbar

I. Der Anspruch könnte jedoch nach **§§ 273 Abs. 1, 274** nur Zug-um-Zug durchsetzbar sein.

Dazu müsste S aus demselben rechtlichen Verhältnis, auf dem seine Verpflichtung beruht, einen fälligen Anspruch gegen die G haben.

1. In Betracht kommt hier ein Anspruch auf Rückgewähr der Grundschuld (durch Abtretung). Ein solcher könnte sich hier aus der Sicherungsabrede zwischen S und G ergeben.

S und G vereinbarten anlässlich des Darlehensvertrags, dass S verpflichtet sein soll, eine Grundschuld an seinem Grundstück zu bestellen. Aus dieser Zweckbindung folgt zugleich das Recht des Sicherungsgebers, dass die Sicherheit nach **Wegfall des Sicherungszwecks** zurückgewährt/ aufgegeben wird. Demnach beinhaltet die Sicherungsabrede einen **aufschiebend bedingten Rückgewähranspruch.**[163]

a) Voraussetzung zum wirksamen Entstehen des Anspruchs ist gemäß § 158 Abs. 1 der Eintritt der aufschiebenden Bedingung. Für die Begründung eines Zurückbehaltungsrechts reicht es jedoch, dass die aufschiebende Bedingung mit Erfüllung des geltend gemachten Anspruchs eintritt.[164] Als Bedingung war der Wegfall des Sicherungszwecks vereinbart. Zweck der Grundschuldbestellung war hier nur die Sicherung des einen Darlehensrückzahlungsanspruchs. Eine **Revalutierung** der Grundschuld war hingegen nicht vorgesehen (enge Sicherungszweckerklärung).[165] Demnach genügt die Rückzahlung der 200.000 € zum Bedingungseintritt. I.H.v. 150.000 € ist diese Bedingung bereits eingetreten. Im Übrigen tritt die Bedingung mit Zahlung der 50.000 € ein, d.h. mit Erfüllung des geltend gemachten Anspruchs.

Die Bedingung i.S.d. § 158 Abs. 1 ist somit eingetreten. Der Anspruch auf Rückgewähr der Grundschuld ist somit entstanden.

Die Einrede aus § 320 Abs. 1 scheidet aus. Der Anspruch auf Rückgewähr der Grundschuld kann schon nicht im Synallagma mit dem Darlehensrückzahlungsanspruch stehen, weil der Rückgewähranspruch sich nicht aus dem Darlehensvertrag ergibt (s.u.).

Merke:
Darlehensvertrag, Sicherungsabrede und (dingliche) Bestellung der Sicherheit sind rechtlich zu trennende Rechtsgeschäfte.

---

163 Palandt/Bassenge § 1191 Rn. 17, 26.
164 BGH NJW 2014, 3772, 3775.
165 Vgl. zum Bedingungseintritt bei weiter Sicherungszweckerklärung BGH NJW 2013, 2894.

Der Unterschied zwischen den Möglichkeiten besteht darin, dass nach der **Abtretung** der Inhaber des Rückgewähranspruchs Inhaber der Grundschuld wird, beim **Verzicht** der Grundstückseigentümer eine Eigentümergrundschuld erwirbt (vgl. §§ 1192 Abs. 1, 1168 Abs. 1) und bei der **Aufhebung** (**Löschung**) die Grundschuld entfällt, sodass etwaige nachrangige Gläubiger im Rang aufrücken.[166]

b) Fraglich ist jedoch, mit welchem Inhalt der Anspruch entstanden ist. Nach den gesetzlichen Regelungen ist eine **„Rückgewähr" der Grundschuld auf folgende Weisen möglich**: durch Übertragung der Grundschuld (**Abtretung** nach §§ 1192 Abs. 1, 1154), durch **Verzicht** (nach §§ 1192 Abs. 1, 1168) oder durch **Aufhebung** (**Löschung** nach §§ 1192 Abs. 1, 1183, 875).[167]

Hier könnte der Anspruch jedoch durch die Vereinbarung zwischen S und G auf die Löschung der Grundschuld beschränkt sein. Das ist nach dem Wortlaut der Fall; insbesondere greift nicht die Ausnahme für die Zwangsversteigerung. Die Abrede müsste jedoch wirksamer Vertragsbestandteil geworden sein. Soweit es sich bei der Abrede um AGB handelt, richtet sich dies nach den §§ 305 ff.

aa) Die Klausel wird von der G-Bank üblicherweise vorformuliert für Sicherungsverträge verwendet, sodass es sich um **AGB** i.S.d. § 305 Abs. 1 handelt.

bb) Die Bestimmung muss auch wirksam in den Vertrag **einbezogen** worden sein. Die Voraussetzungen des § 305 Abs. 2 sind dabei erfüllt. Die Klausel wird aber nach § 305 c Abs. 1 nicht Bestandteil, wenn sie den Umständen nach besonders ungewöhnlich ist. Ob dies objektiv der Fall ist, kann dahinstehen, wenn ein „Überrumpelungseffekt" jedenfalls deswegen nicht gegeben ist, weil vom Verwender besonders auf die Klausel und ihre Gefahren aufmerksam gemacht wird („subjektiver" Überraschungsmoment).[168] Hier hat ein Bankmitarbeiter besonders auf die Klausel aufmerksam gemacht. Demnach ist davon auszugehen, dass die Klausel nicht überraschend war. Sie ist somit einbezogen.

cc) Die Klausel müsste auch einer **Inhaltskontrolle** nach §§ 307 ff. standhalten.

(1) Nach § 307 Abs. 3 ist eine Kontrolle anhand dieser Vorschriften nur möglich, wenn die Klausel eine Bestimmung ist, durch die von Rechtsvorschriften abweichende Regelungen vereinbart werden. Danach findet eine Inhaltskontrolle nicht statt, wenn die Klausel den Inhalt der **Hauptleistungspflicht** erst begründet. Anders ist es, wenn das Leistungsversprechen eingeschränkt wird.[169] Hier besteht die Leistungspflicht in der Rückgewähr der Grundschuld. Diese Pflicht wird durch die gesetzlichen Möglichkeiten (Übertragung, Aufhebung, Verzicht) ausgestaltet. Die Klausel beschränkt diese Möglichkeiten auf die Aufhebung (Löschung). Demnach weicht sie von der gesetzlichen Regelung ab. Eine Inhaltskontrolle ist möglich.

(2) Ein Verstoß gegen die Klauselverbote der §§ 308, 309 ist nicht ersichtlich. Die Klausel könnte jedoch gegen § 307 Abs. 2 Nr.1, Abs. 1 verstoßen. Das ist der Fall, wenn sie mit wesentlichen Grundgedanken der gesetzlichen Regelung nicht zu vereinbaren ist.

---

166 BeckOGK/Rebhan § 1191 Rn. 107.
167 BGH NJW-RR 1994, 847, 848; Palandt/Bassenge § 1191 Rn. 26; MünchKomm/Eickmann § 1191 Rn. 123.
168 Vgl. BeckOK/H. Schmidt § 305c Rn. 19.
169 Palandt/Grüneberg § 307 Rn. 44.

Gesetzliche Regelung ist hier die Ausgestaltung eines Rückgewähranspruchs als **Wahlschuldverhältnis** i.S.d. §§ 262 ff. Dem Sicherungsgeber stehen so mehrere Möglichkeiten zur Verfügung, dass der Sicherungsnehmer die Sicherheit aufgibt. Je nach wirtschaftlicher Situation sind für ihn Möglichkeiten mehr oder weniger sinnvoll. Die unterschiedlichen Arten der Rückgewähr dienen daher auch dem wirtschaftlichen Interesse des Sicherungsgebers. Grundgedanke ist somit, dass der Sicherungsgeber entscheidet, wie er die Grundschuld „zurückerhält".

Fraglich ist jedoch, ob die Beschränkung auf eine Möglichkeit in unangemessener Weise von dieser Regelung abweicht.

(a) Dies könnte man generell mit dem Argument bejahen, dass es der typische Zweck einer Sicherungsabrede ist, dass dem Sicherungsgeber der Gegenstand auch so zurückgewährt wird, wie er ihn hingegeben hat.[170] Demgegenüber hat der Sicherungsnehmer gar kein Interesse daran, den Sicherungsgeber in seiner wirtschaftlichen Freiheit zu beschränken. Zu dieser Freiheit gehört es aber auch, die Grundschuld wiederholt als Sicherungsmittel zu verwenden.[171] Danach wäre die generelle Beschränkung hier unangemessen.

(b) Jedenfalls könnte man die Klausel für unangemessen halten, wenn sie Geltung auch für den Fall beansprucht, dass Sicherungsgeber und Eigentümer im Zeitpunkt der Rückgewähr personenverschieden sind.[172] In diesem Fall bringt dem Sicherungsgeber ein Anspruch auf Löschung oder Verzicht nichts; profitieren würde nur der neue Eigentümer des Grundstücks, der selbst die gesicherte Forderung nicht getilgt hat. In diesen Fällen könnte die Abtretung der Grundschuld aber gerade die Funktion erfüllen, den **Regress** beim neuen Eigentümer zu **sichern**. Das gilt insbesondere, wenn der frühere Eigentümer und Sicherungsgeber im Außenverhältnis noch für die Forderung haftet, aber im Innenverhältnis mit dem neuen Eigentümer vereinbart hat, dass dieser die Forderung erfüllen soll.[173]

Hier macht die Klausel keine Einschränkung, ob der Sicherungsgeber auch der Eigentümer ist. Sie gilt gerade – wie im vorliegenden Fall – auch dann, wenn der Sicherungsgeber nicht mehr Eigentümer ist. Sie wäre danach ebenfalls unangemessen.

(c) Andererseits spricht für die Angemessenheit die gesetzliche Regelung der §§ 1192 Abs. 1, 1179a. Danach sieht das Gesetz zum Schutz nachrangiger Gläubiger gerade die Löschung der Grundschuld bei Entstehen einer Eigentümergrundschuld vor. Dabei wird jedoch nicht beachtet, dass § 1179a nicht die Rückgewähr regelt, sondern nur eine mögliche Folge der Rückgewähr.[174] Die Norm greift gerade nur, wenn eine Eigentümergrundschuld entsteht. Ist der Sicherungsgeber jedoch mit dem Grundstückseigentümer personenverschieden, entsteht keine Eigentümergrundschuld.

---

170 Vgl. Kesseler NJW 2012, 577, 580.
171 Vgl. Müller RNotZ 2012, 199, 202 mwN.
172 Erman/F. Wenzel § 1191 Rn. 63 ff. mwN.
173 BGH NJW 2014, 3772, 3774.
174 BGH NJW 2014, 3772, 3774.

In diesem Fall hat der Sicherungsgeber ein erhebliches Interesse daran, dass er die Grundschuld durch Abtretung zurückerhält (s.o.).[175] Eine solche Beeinträchtigung der Interessen des Sicherungsgebers kann nur durch überwiegende Interessen des Sicherungsnehmers gerechtfertigt werden. Diese könnten darin liegen, dass der Sicherungsnehmer bei der Löschungsklausel nicht prüfen muss, wer Sicherungsgeber ist, d.h. an wen die Grundschuld zurückgewährt werden muss. Ein solches Schutzbedürfnis besteht jedoch schon nicht. Der Sicherungsnehmer weiß, wer Sicherungsgeber ist, und eine Auswechslung dieser Person ist ohne Mitwirkung des Sicherungsnehmers nicht möglich.[176]

Es gibt somit keine starken Interessen, die es rechtfertigen würden, dem früheren Eigentümer z.B. den Regress beim neuen Eigentümer zu erschweren.

(3) Die Klausel verstößt gegen wesentliche Grundgedanken der Sicherungsabrede und ist nach § 307 Abs. 2 Nr. 1, Abs. 1 unwirksam.

c) Der Anspruch ist somit ursprünglich auf Rückgewähr durch Abtretung, Verzicht oder Aufhebung gerichtet gewesen.

Sieht man die Klausel hingegen als wirksam ansehen, wäre der Anspruch auf Löschung der Grundschuld mit dem Übergang des Grundstückseigentums erloschen, da Löschung und Verzicht nur noch den neuen Eigentümer betreffen.[177]

Dadurch, dass S nicht mehr Eigentümer des Grundstücks ist, **beschränkt sich der Anspruch auf Abtretung der Grundschuld**; Verzicht und Aufhebung kann hingegen nur der Grundstückseigentümer verlangen.[178]

Ein Rückgewähranspruch besteht somit noch. Dieser wurde bzw. wird auch mit Eintritt der Bedingung fällig.

2. Er beruht auch aufgrund der engen Verknüpfung von Darlehensvertrag und Sicherungsvertrag auf demselben rechtlichen Verhältnis (Konnexität i.S.d. § 273 Abs. 1).

II. Der Anspruch ist somit nach §§ 273 Abs. 1, 274 nur Zug-um-Zug gegen Abtretung der Grundschuld durchsetzbar.

D. G hat daher einen Anspruch gegen S auf Zahlung von 50.000 € Zug-um-Zug gegen Abtretung der Grundschuld.

Anmerkung:

Der Fall ist gegenüber dem Originalfall vereinfacht worden; im Originalfall haben S und F als GbR-Gesellschafter gemeinschaftlich die Grundschuld (an einem in gemeinschaftlichem Miteigentum stehenden Grundstück) bestellt. Ihnen stand der Anspruch daher gemeinschaftlich nach §§ 747 S. 2, 432 Abs. 1 S. 1 zu. Daher mussten sie das Wahlrecht (s.o.) auch gemeinsam ausüben. Zu weiteren Problemen in diesem Zusammenhang s. die Entscheidung des BGH RÜ 2014, 689, bei der es sich um einer Fortführung des Urteils des BGH vom 09.02.1989 – IX ZR 145/87, BGHZ 106, 375 ff. handelt.

---

175 Vgl. bereits BGH NJW 1989, 1349, 1350.
176 BGH NJW 2014, 3772, 3774.
177 Vgl. BGH NJW-RR 1993, 386, 389; OLG Saarbrücken, Beschl. v. 25.02.2015 – 5 W 96/14, Rn. 23.
178 Vgl. Palandt/Bassenge § 1191 Rn. 26.

Fall 36: Gutgläubiger Erwerb einer Sicherungsgrundschuld vom Nichtberechtigten

Nach seiner Emeritierung kauft Professor K beim Pferdezüchter P den wertvollen Araberhengst „Majestro" für 135.000 €. Da K nur über geringe finanzielle Mittel verfügt, verlangt P die Bestellung von Sicherheiten. K erklärt sich damit einverstanden und wendet sich hilfesuchend an seinen vermögenden Sohn S. Er kann seinen Sohn davon überzeugen, eine Sicherungsgrundschuld zugunsten des P zu bestellen. Bald darauf bestellt S zur Absicherung der Kaufpreisforderung dem P formgerecht eine Buchgrundschuld an seinem Grundstück, wobei beide sich einig sind, dass etwaige Zahlungen des K einzig und allein die Forderung betreffen sollen.

Obwohl K im Laufe der Jahre den Kaufpreis komplett zahlt, tritt der mittlerweile erfolglose P die Kaufpreisforderung zusammen mit der Grundschuld an den X ab, um „wieder flüssig" zu sein. Die Abtretung der Grundschuld wird auch im Grundbuch eingetragen. Zwar weiß X im Zeitpunkt der Abtretung um den Sicherungscharakter der Grundschuld, hat aber keine Ahnung davon, dass der Kaufpreis längst bezahlt ist.

Kann X von S die Duldung der Zwangsvollstreckung verlangen?

X könnte gegenüber S einen Anspruch auf Duldung der Zwangsvollstreckung aus §§ 1192 Abs. 1, 1147 haben.

Die Duldung der Zwangsvollstreckung kann X nach §§ 1192 Abs. 1, 1147 nur verlangen, wenn X am Grundstück des S eine Grundschuld erworben hat, diese nicht wieder erloschen ist und der Inanspruchnahme aus der Grundschuld keine Einreden entgegenstehen.

A. Anspruch entstanden (= „Grundschuld entstanden")

Zunächst müsste X also eine Grundschuld erworben haben und damit Grundschuldgläubiger geworden sein.

In Betracht kommt hier ein **Zweiterwerb der Grundschuld** des X durch Abtretung der Grundschuld von P nach §§ 1192 Abs. 1, 1154 ff., 873 Abs. 1 Var. 3.

I. Die für den Zweiterwerb einer Grundschuld erforderliche **Einigung** zwischen X und P nach §§ 1192 Abs. 1, 1154 ff. liegt vor, indem sich P und X über die Abtretung der Grundschuld geeinigt haben. Diese Einigung war insbesondere auch deshalb wirksam, weil die Abtretung in das Grundbuch eingetragen und so die Form der §§ 1192 Abs. 1, 1154 Abs. 3 gewahrt worden ist.

II. Die darüber hinaus erforderliche **Berechtigung** des P zur Abtretung ist auch gegeben. Schließlich hat P kurz zuvor wirksam im Wege des Ersterwerbes gemäß §§ 873 Abs. 1, 1191, 1192 Abs. 1, 1115 ff. die Buchgrundschuld vom verfügungsbefugten Eigentümer S erworben hat.

Somit hat X die Grundschuld im Wege des Zweiterwerbs durch Abtretung von P nach §§ 1192 Abs. 1, 1154 ff., 873 Abs. 1 Var. 3 wirksam erworben, so-

Beachte:
Falls es an der Berechtigung fehlt, ist ein gutgläubiger Erwerb der Grundschuld nach § 892 zu prüfen!

117

dass der Anspruch auf Duldung der Zwangsvollstreckung von X gegenüber S aus §§ 1192 Abs. 1, 1147 entstanden ist.

B. Anspruch nicht untergegangen (= „Grundschuld nicht untergegangen")

Bei Tilgung der Grundschuld geht diese auf den Eigentümer über (Eigentümergrundschuld) und der Anspruch erlischt (dogmatische Begründung str.)

Fraglich ist jedoch, ob der Anspruch auf Duldung der Zwangsvollstreckung untergegangen ist.

Im Sicherungsvertrag von P und S ist vereinbart worden, dass sämtliche Zahlungen des persönlichen Schuldners K auf die Forderung und nicht auf die Grundschuld erfolgen sollen. Somit hat die Begleichung der Kaufpreisforderung aus § 433 Abs. 2 keinerlei Einfluss auf den weiteren Fortbestand der Grundschuld. Mangels Eingreifens von rechtsvernichtenden Einwendungen, die sich direkt gegen die Inanspruchnahme aus der Grundschuld richten, ist der Anspruch auf Duldung der Zwangsvollstreckung von X gegenüber S aus §§ 1192 Abs. 1, 1147 auch nicht untergegangen.

C. Anspruch durchsetzbar (= „Grundschuld durchsetzbar")

Ferner müsste der Anspruch auch durchsetzbar sein.

Das ist dann der Fall, wenn S die Duldung der Zwangsvollstreckung nicht aufgrund einer ihm gegen die Inanspruchnahme aus der Grundschuld zustehenden rechtshemmenden Einwendung (= Einrede) verweigern kann.

I. In Betracht kommt zunächst eine **eigentümerbezogene Einrede** des S aus §§ 1192 **Abs. 1**, 1157 S. 1 gegen die Inanspruchnahme aus der Grundschuld.

Originär und unmittelbar ist § 1157 S. 1 auf Einreden des Eigentümers gegen die Hypothek (sog. eigentümerbezogene Einreden) zugeschnitten, während bei der Hypothek für Einreden, die sich aus der Forderung ergeben (sog. schuldnerbestimmte Einreden), § 1137 gilt. Somit setzt § 1157 keine Akzessorietät voraus und ist damit nach § 1192 Abs. 1 auch auf die Grundschuld anwendbar.

Einreden nach §§ 1192 Abs. 1, 1157 S. 1 sind letztlich jedoch nur bei der „isolierten" Grundschuld, die nicht der Sicherung einer Forderung dient und deren Verschaffung daher auf einem anderen Kausalgeschäft (z.B. Kauf, Schenkung oder Vermächtnis) beruht, von Bedeutung (z.B. Stundungseinrede gegen die Inanspruchnahme aus der Grundschuld).[179] Das bedeutet, dass der Eigentümer alle Einreden, die aus einem entsprechenden Rechtsverhältnis mit dem Grundschuldgläubiger resultieren, diesem ohne Weiteres entgegenhalten kann.[180] Wird die Grundschuld jedoch gemäß §§ 1192 Abs. 1, 1154 ff. abgetreten, dann kann der Eigentümer diese eigentümerbezogenen Einreden nach § 1157 S. 1 auch gegenüber dem neuen Grundschuldgläubiger (Zessionar) geltend machen. Nach § 1157

---

179 Baur/Stürner § 44 Rn. 6; Meyer Jura 2009, 561, 562; Koch Jura 2010, 179, 181.
180 Meyer Jura 2009, 561, 562; Nietsch NJW 2009, 3606, 3607 f.

S. 2 ist dann aber ein gutgläubiger einredefreier Erwerb der Grundschuld durch den neuen Grundschuldgläubiger durchaus möglich.

Hier haben der Eigentümer S und der (erste) Grundschuldgläubiger P einen Sicherungsvertrag nach § 311 geschlossen, der die schuldrechtliche Grundlage, also das Kausalgeschäft, für die dingliche Verfügung, also die Bestellung der Grundschuld, nach §§ 873 Abs. 1, 1191, 1192 Abs. 1, 1115 f. bildet. **Inhalt des Sicherungsvertrages** – ausdrücklich oder konkludent vereinbart – sind neben der **Verpflichtung zur Grundschuldverschaffung**[181] **insbesondere die aufschiebend bedingte Einrede der Nichtgeltendmachung der Grundschuld** mit Rückgewähranspruch, sofern der Sicherungszweck endgültig entfallen ist.[182]

Der Schuldner K hat die Kaufpreisforderung aus § 433 Abs. 2 vollständig beglichen, sodass mangels Bestehens einer zu sichernden Forderung des P der Sicherungszweck, der der Grundschuld zugrunde lag, endgültig entfallen ist. Das bedeutet, dass die Grundschuld dem Eigentümer S zurückgewährt werden muss. Solange dies nicht erfolgt ist, steht S daher die durch die Bezahlung des Kaufpreises bedingte Einrede der Nichtgeltendmachung der Grundschuld gegenüber dem (ersten) Grundschuldgläubiger P zu. Diese Einrede resultiert aus dem von S und P geschlossenen Sicherungsvertrag i.S.d. § 311 und kann von S auch nicht nach §§ 1192 **Abs. 1**, 1157 S. 1 dem neuen Grundschuldgläubiger X entgegenhalten werden.

II. Jedoch könnte S eine **eigentümerbezogene Einrede** aus §§ 1192 Abs. 1, **Abs. 1a,** 1157 S. 1 gegen die Inanspruchnahme aus der Grundschuld zustehen.

Die dem S zustehende Einrede der Nichtgeltendmachung der Grundschuld aus dem Sicherungsvertrag, die ihm seit dem endgültigen Wegfall des Sicherungszwecks gegenüber P zusteht, ist grundpfandrechtsbezogen und kann daher gemäß **§§ 1192 Abs. 1, Abs. 1a Hs. 1, S. 2**, 1157 S. 1 auch dem neuen Grundschuldgläubiger X entgegengehalten werden. So kann S als Eigentümer dem neuen Grundschuldgläubiger X durch die Neuregelung des § 1192 Abs. 1a nicht mehr nur diejenigen Einreden entgegenhalten, die ihm schon vor der Abtretung zustanden. Vielmehr kann er darüber hinaus auch diejenigen Einreden erheben, die sich nach der Abtretung aus dem Sicherungsvertrag ergeben.[183]

Mithin steht S eine eigentümerbezogene Einrede aus §§ 1192 Abs. 1, **Abs. 1a**, 1157 S. 1 gegen die Inanspruchnahme aus der Grundschuld zu.

III. Jedoch könnte sich S gegenüber X dann nicht auf die Einrede der Nichtgeltendmachung der Grundschuld aus dem Sicherungsvertrag berufen, wenn X die Grundschuld **gutgläubig einredefrei gemäß §§ 1192 Abs. 1, 1157 S. 2 i.V.m. § 892 erwerben** kann.

§ 1192 Abs. 1a ist am 18.08.2008 in Kraft getreten, um die unberechtigte Zwangsvollstreckung in Immobilien zu verhindern, die durch grundschuldgesicherte Darlehen finanziert wurden.

---

181 BGH NJW 2003, 2673; Erman/Wenzel § 1191 Rn. 14; Palandt/Bassenge § 1191 Rn. 17; Nietsch NJW 2009, 3606, 3607.
182 BGH NJW-RR 1996, 234, 235; Palandt/Bassenge § 1191 Rn. 17, 26; Kadner/Schmidt Jura 2007, 211, 213; Nietsch NJW 2009, 3606, 3607; Koch Jura 2010, 179, 181.
183 Vgl. Begr. RegE, BT-Drs. 16/9821, S. 16, 22; Weller JuS 2009, 969, 974; Nietsch NJW 2009, 3606, 3607.

Nach **§ 1192 Abs. 1a Hs. 2 findet auf die Sicherungsgrundschuld § 1157 S. 2 jedoch keine Anwendung**, sodass ein gutgläubiger einredefreier Erwerb der Grundschuld durch X ausgeschlossen ist. Damit ist unerheblich, dass X zwar den Sicherungscharakter der Grundschuld kannte, nicht aber wusste, dass der Kaufpreis bereits bezahlt war.

D. Mithin steht S – nach wie vor – aus dem Sicherungsvertrag die Einrede der Nichtgeltendmachung der Grundschuld gegenüber X gemäß §§ 1192 Abs. 1, Abs. 1a, 1157 S. 1 zu, sodass S die Duldung der Zwangsvollstreckung zu Recht verweigern kann.

Folglich ist der von X geltend gemachte Anspruch nicht durchsetzbar und somit hat X gegenüber S keinen Anspruch auf Duldung der Zwangsvollstreckung aus §§ 1192 Abs. 1, 1147.

Anmerkung:

*Bis zum Inkrafttreten des § 1192 Abs. 1a durch das **Risikobegrenzungsgesetz am 19.08.2008** konnten Einreden aus dem Sicherungsvertrag dem neuen Gläubiger nur entgegengehalten werden, wenn die beiden Voraussetzungen des § 1157 erfüllt waren. Falls die Grundschuld vom neuen Grundschuldgläubiger im Wege des Zweiterwerbs bis (einschließlich) zum 19.08.2008 erworben worden ist, findet gemäß **Art. 229 § 18 Abs. 2 EGBGB** altes Recht Anwendung. Nach alter Rechtslage war umstritten, ob der Erwerber einer Sicherungsgrundschuld, der zwar den Sicherungscharakter aber nicht das Nichtbestehen der Forderung im Zeitpunkt der Abtretung kennt, sich die Einrede der Nichtgeltendmachung der Grundschuld entgegenhalten lassen muss und damit bösgläubig ist.[184]*

---

184   S. zur alten Rechtslage: BGHZ 59, 1; 103, 72, 83; Cordes Jura 1990, 594, 597.

Fall 37: Der Haftungsverband von Grundschulden
(Vgl. BGH 14.12.2005 – IV ZR 45/05, BGHZ 165, 261)

Ausgangsfall:

U betreibt seit dem Jahr 2000 auf seinem Grundstück mit einer Gewerbehalle eine Tischlerei zur Herstellung von Küchenmöbeln. Das Gebäude selbst ist nicht auf eine Tischlerei zugeschnitten, sondern könnte auch zu anderen Zwecken genutzt werden. Zur Holzbearbeitung und Weiterverarbeitung hat U sich Ende 2009 mehrere Maschinen angeschafft. Den Kaufpreis hat der Verkäufer ihm teilweise gestundet, ohne einen Eigentumsvorbehalt zu vereinbaren. Als der Verkäufer aber nach Fristablauf auf eine Zahlung drängt, wendet sich U im Jahr 2011 an die B, um den Kaufpreis über ein Darlehen finanzieren zu können. B ist nur gegen Einräumung einer Grundschuld an dem Betriebsgrundstück zur Gewährung eines Darlehens bereit. U und B einigen sich auf eine Darlehenssumme von 500.000 €, zu deren Sicherung U wirksam eine Grundschuld zugunsten der B bestellt. U unterwirft sich ferner in einer notariellen Urkunde der sofortigen Zwangsvollstreckung.

Als U im Jahr 2012 keine Zahlungen mehr leistet, kündigt B wirksam das Darlehen. Um an Geld zu kommen, entschließt sich U dazu, die meisten seiner Maschinen zu verkaufen; auf den Betrieb hat er ohnehin keine Lust mehr. U wird sich daher mit D am 01.08.2012 einig, einige Maschinen für 100.000 € zu verkaufen. Von einer Grundschuld oder finanziellen Problemen des U weiß D nichts. D soll nach der vertraglichen Abrede auch bereits Eigentümer werden, aber U soll die Maschinen noch einen Monat nutzen dürfen, um Aufträge zu erfüllen. Auf den Antrag der B hin ordnet das Vollstreckungsgericht am 25.08.2012 die Zwangsversteigerung an und stellt U diesen Beschluss am selben Tag zu. Am 28.08.2012 wird der Versteigerungsvermerk im Grundbuch eingetragen. Am 02.09.2012 holt D die Maschinen ab, da er von dem ganzen Vorgang immer noch nichts erfahren hat.

Auf der Versteigerung des Grundstücks am 03.12.2012 erhält E den Zuschlag. Er verlangt daraufhin von D Herausgabe der Maschinen. Steht E ein solcher Anspruch aus § 985 zu?

Abwandlung:

Gehen Sie bei im Übrigen gleicher Sachlage davon aus, dass U bereits im Juni 2012 den Betrieb der Tischlerei aufgegeben und die Maschinen nicht mehr genutzt hat. Die Versteigerung erfolgte, genauso wie im Ausgangsfall, erst im Dezember 2012.

Unterlagen die Maschinen in diesem Fall dann noch der Zwangsvollstreckung?

Ausgangsfall:

E könnte einen Anspruch gegen D auf Herausgabe der Maschinen aus §§ 985, (986) haben.

A. Dazu müsste E Eigentümer der Maschinen sein.

I. Ursprünglich war U Eigentümer der Maschinen. Er könnte sein Eigentum jedoch nach §§ 929 S. 1, 930 am 01.08.2012 an D übertragen haben.

1. Eine entsprechende Einigung i.S.d. § 929 S. 1 liegt vor. D sollte nach der Vereinbarung bereits am 01.08.2012 Eigentümer werden.

2. An Stelle der nach § 929 S. 1 erforderlichen und am 1.8. nicht erfolgten Übergabe müssten U und D nach § 930 ein Rechtsverhältnis vereinbart haben, vermöge dessen D den mittelbaren Besitz i.S.d. § 868 erlangt. Das ist der Fall, wenn U dem D gegenüber aufgrund eines genannten oder ähnlichen Verhältnisses auf Zeit zum Besitz berechtigt ist. D gestattete dem U, dass er die Maschinen noch für einen Monat nutzen dürfe. Aus diesem Leihvertrag i.S.d. § 598 ist U auf Zeit (vgl. § 604 Abs. 1) zum Besitz berechtigt. Auch hat U einen entsprechenden Fremdbesitzerwillen.

Ein Besitzkonstitut i.S.d. § 930 liegt daher vor.

3. Ferner müsste U als Veräußerer auch Berechtigter gewesen sein.

Zur Eigentumsübertragung ist nur der wahre Rechtsinhaber, also der verfügungsbefugte Eigentümer oder der verfügungsbefugte Nichteigentümer, der vom wahren Rechtsinhaber zur Verfügung gemäß § 185 Abs. 1 ermächtigt oder aber gesetzlich verfügungsbefugt ist, berechtigt.

Schon hier ist streng auf die zeitliche Abfolge zu achten. Das Verfügungsverbot des § 23 ZVG gilt erst ab Wirksamwerden der Beschlagnahme. Nur dies ist bei dem Eigentumsübergang bedeutsam. Darüber hinaus ist fraglich, ob die Gegenstände mit versteigert werden.

U war hier Eigentümer der Maschinen. Die Verfügung könnte jedoch nach § 23 Abs. 1 S. 1 ZVG i.V.m. §§ 135 Abs. 1 S. 1, 136 gegenüber B unwirksam sein. Die Beschlagnahme wird jedoch nach § 22 Abs. 1 S. 1 ZVG erst in dem Zeitpunkt wirksam, in dem der Beschluss, durch den die Zwangsversteigerung angeordnet wird, dem Schuldner zugestellt wird. Die Zwangsversteigerung wurde hier erst am 25.8.2012 angeordnet, sodass jedenfalls am 01.08. noch kein Verfügungsverbot galt.

D hat somit am 1.8.2012 das Eigentum an den Maschinen erworben.

II. Er könnte sein Eigentum jedoch nach den §§ 90, 55 Abs. 1, 20 Abs. 2 ZVG i.V.m. § 1120 an den E verloren haben.

Nach § 90 Abs. 2 ZVG erwirbt der Ersteher an allen Gegenständen Eigentum, auf welche sich die Versteigerung erstreckt hat. Nach § 55 Abs. 1 ZVG sind dies alle Gegenstände, deren Beschlagnahme noch wirksam ist. Dazu gehören nach § 20 Abs. 2 ZVG auch alle Gegenstände, auf die sich bei einem Grundstück die Hypothek erstreckt.

Bei den Maschinen müsste es sich daher um Gegenstände handeln, die zum Haftungsverband i.S.d. §§ 1120 ff. gehörten.

1. Hier könnte es sich bei den Maschinen um Zubehör i.S.d. §§ 1120, 97 Abs. 1 handeln. Die Maschinen müssten dann dem wirtschaftlichen Zweck der Hauptsache (d.h. des Grundstücks) zu dienen bestimmt sein und zu ihr in einem dieser Bestimmung entsprechenden räumlichen Verhältnis stehen. § 98 Nr. 1 konkretisiert dies dahingehend, dass bei einem Gebäude, das für einen gewerblichen Betrieb dauernd eingerichtet ist, die zu dem Betrieb bestimmten Maschinen diese Kriterien erfüllen.

Die Maschinen dienen hier der Herstellung von Küchenmöbeln, wofür auch die Halle und damit das Grundstück verwendet wird. Aus § 98 könnte man jedoch schließen, dass bereits das Gebäude derart eingerichtet sein muss, dass es genau auf den Betrieb, für den die Maschinen notwendig sind, zugeschnitten sein muss. Dafür spricht, dass durch Vorschriften wie § 1120 die wirtschaftliche Einheit eines Grundstücks geschützt werden soll. Wenn aber das Grundstück gar nicht eine bestimmte Zweckbestimmung hat, können auch sonstige Bestandteile davon wirtschaftlich getrennt werden. Hiernach wären die Maschinen kein Zubehör. Das Grundstück selbst ist hier nicht auf die Produktion von Möbeln zugeschnitten.

Dagegen spricht aber, dass sich die „dauernde Einrichtung" i.S.d. § 98 Nr. 1 gerade auch durch die Ausstattung mit bestimmten beweglichen Sachen ergeben kann. Durch diese wird der Zweck des Grundstücks festgelegt. Es kommt somit allein darauf an, ob sich aus den baulichen Besonderheiten und/oder aus der Ausstattung mit Inventar ergibt, dass das Gebäude einem gewerblichen Betrieb auf Dauer dienen soll.[185]
Hier wird durch die Ausstattung der Halle mit den Maschinen ein derartiger Zweck deutlich. Es handelt sich somit bei den Maschinen um Zubehör i.S.d. §§ 97, 98 Nr. 1. Das Zubehör stand also zunächst im Eigentum des U, sodass § 1120 greift.

2. Zubehör gehört jedoch dann nicht mehr zum Haftungsverband, wenn eine Enthaftung nach §§ 1121 f. eingetreten ist.
Hier kommt eine Enthaftung nach § 1121 durch Veräußerung und Entfernung der Gegenstände in Betracht.

a) Eine Enthaftung nach § 1121 Abs. 1 setzt voraus, dass die Gegenstände veräußert und vom Grundstück entfernt wurden, bevor die Beschlagnahme erfolgte.[186] Hier wurden die Maschinen zwar vor dem 25.08. veräußert; jedoch erfolgte die Entfernung der Gegenstände erst im September. Demnach lag keine Entfernung vor der Beschlagnahme vor. § 1121 Abs. 1 ist nicht erfüllt.

b) Eine Enthaftung bloß wegen Gutgläubigkeit im Hinblick auf das Bestehen einer Grundschuld im Zeitpunkt des Eigentumserwerbs (ähnlich § 936 Abs. 1) kommt wegen § 1121 Abs. 2 S. 1 nicht in Betracht.

c) Nach § 1121 Abs. 2 S. 2 kann jedoch auch eine nach der Beschlagnahme erfolgte Entfernung der Gegenstände zur Enthaftung führen, wenn der Erwerber (D) in Ansehung der Beschlagnahme in gutem Glauben war.[187]

D wusste hier nicht, dass das Grundstück zwangsversteigert werden soll. Demnach kannte er auch die Beschlagnahme nicht. Es musste sich ihm auch nicht aufdrängen, dass das Grundstück versteigert wird.
Nach § 23 Abs. 2 S. 2 ZVG gilt die Beschlagnahme jedoch als bekannt, sobald der Versteigerungsvermerk eingetragen ist. Soweit man davon ausgeht, dass der Wortlaut der Norm auf das Verfügungsverbot des § 23 Abs. 2

---

185   BGH NJW 2006, 993, 994; vgl. auch bereits OLG Köln NJW-RR 1987, 751, 752; Palandt/Ellenberger § 98 Rn 3.
186   Vgl. MünchKomm/Eickmann § 1121 Rn. 25-28.
187   Aus dem Umkehrschluss zu § 1121 Abs. 2 S. 2 folgt, dass die Beschlagnahme ihm gegenüber dann nicht „wirksam" ist.

S. 1 ZVG beschränkt ist, ist die Norm jedenfalls wegen derselben Interessenlage bei § 1121 Abs. 2 S. 2 analog anzuwenden.[188]
Der Versteigerungsvermerk war hier seit dem 28.08. eingetragen. Demnach galt die Beschlagnahme am 2.9. als bekannt, sodass D daher wegen § 23 Abs. 2 S. 2 ZVG bösgläubig war. Eine Enthaftung nach § 1121 scheidet mithin aus.

d) Eine Enthaftung nach § 1122 ist nicht ersichtlich. Insbesondere hebt die bloße Veräußerung noch nicht die Zubehöreigenschaft i.S.v. § 1122 Abs. 2 auf.[189]

3. Die Maschinen gehörten daher noch zum Haftungsverband. Folglich hat E nach den §§ 90, 55 Abs. 1, 20 Abs. 2 ZVG i.V.m. § 1120 Eigentum an den Maschinen erworben.

B. D ist auch unmittelbarer Besitzer der Maschinen i.S.d. § 854 Abs. 1. Ein Recht zum Besitz des D gegenüber E ist nicht ersichtlich.

C. E hat somit einen Anspruch gegen D auf Herausgabe der Maschinen aus § 985, (986).

Abwandlung

Ob die Maschinen noch der Zwangsvollstreckung unterlagen, richtet sich nach den §§ 1120 ff. (s.o.).

I. Nach **§ 1120** sind die **Maschinen als Zubehör i.S.d. §§ 97, 98 Nr. 1** grundsätzlich Teil des Haftungsverbandes (s.o.).

II. Eine **Enthaftung** nach **§ 1121** ist hier mangels Veräußerung nicht eingetreten. Gleiches gilt mangels Trennung vom Grundstück für **§ 1122 Abs. 1**.

III. Es könnte aber eine **Enthaftung** nach **1122 Abs. 2** vorliegen.

Das ist der Fall, wenn die Zubehöreigenschaft der Maschinen innerhalb der Grenzen einer ordnungsgemäßen Wirtschaft vor der Beschlagnahme am 25.8.2012 aufgehoben wurde.

Ein Aufheben der Zubehöreigenschaft liegt vor, wenn die zweckdienende Funktion der Gegenstände auf Dauer aufgegeben wird.[190]

Hier dienten die Maschinen nicht mehr der Produktion von Küchenmöbeln, wofür das Gebäude auf Dauer eingerichtet war. Andererseits wäre eine Fortführung jedoch mit den Maschinen unmittelbar möglich gewesen. Insoweit bleibt die Einheit zwischen Gebäude und Maschinen erhalten.

Die Frage muss jedoch nicht entschieden werden, wenn jedenfalls das Aufheben der Zubehöreigenschaft nicht in den Grenzen einer ordnungsgemäßen Wirtschaft erfolgte. Was noch als ordnungsgemäße Wirtschaft zu verstehen ist, ist anhand des Normzwecks der §§ 1121, 1122 zu konkretisieren. Beide Normen schützen das Interesse des Eigentümers des Grundstücks an

---

188 Vgl. dazu MünchKomm/Eickmann § 1121 Rn. 32; Palandt/Bassenge § 1121 Rn. 6 (allerdings ohne Verweis auf eine Analogie).
189 BGH NJW 1979, 2514, 2515; Palandt/Bassenge § 1122 Rn. 3.
190 MünchKomm/Eickmann § 1122 Rn. 14.

einer sachgemäßen Nutzung des Grundstücks; dazu gehört die Möglichkeit der Verfügung über Zubehörstücke,[191] aber auch z.B. das Ersetzen von alten Zubehörstücken. Die Veränderungen sollen somit der weiteren Bewirtschaftung dienen. Dieses Interesse des Grundstückseigentümers besteht aber nach einer Betriebsstilllegung nicht mehr.[192] Das Aufheben der Zubehöreigenschaft wegen Betriebsstilllegung gehört daher nicht mehr zur ordnungsgemäßen Wirtschaft.[193]

IV. Eine Enthaftung trat daher nicht ein.

Die Maschinen unterlagen somit noch der Zwangsvollstreckung.

---

191 BGH NJW 1996, 835, 836.
192 BGH NJW 1996, 835, 836.
193 BGH NJW 1971, 1701f.; NJW 1973, 997ff.; NJW 1996, 835f.; Palandt/Bassenge § 1122 Rn. 2 f.; MünchKomm/Eickmann § 1122 Rn. 19; Hk-BGB/Staudinger § 1122 Rn. 2.

3. Abschnitt: Dienstbarkeiten

> **Fall 38: Abgrenzung von Nießbrauch, beschränkt persönlicher Dienstbarkeit und Grunddienstbarkeit**
>
> A hat sein mit einem Wohnhaus bebautes Grundstück an B verpachtet. Der streitsüchtige Nachbar C sieht die Gelegenheit gekommen, um nun auch mit B einen Nachbarschaftsstreit vom Zaun zu brechen. Dies liegt nicht zuletzt daran, dass ein als Wegerecht bezeichnetes Recht zugunsten des Grundstücks des A im Grundbuch eingetragen ist, weil A, wie jeder andere Nutzer des Grundstücks, das Grundstück nicht von einer öffentlichen Straße, sondern nur über das Grundstück des C erreichen kann. Als B das erste Mal das Grundstück des C überquert, sieht C seine Befürchtungen bestätigt. Er will mit allen Mittel verhindern, dass B nun ständig sein Grundstück überquert und behauptet, das Wegerecht sei mittlerweile verjährt. Außerdem stünde es sowieso nur A und nicht B zu.
>
> Kurzum untersagt C dem B das Betreten und Befahren seines Grundstücks.
>
> Zu Recht?

C könnte gegenüber B einen Anspruch auf Unterlassung des Betretens des Grundstücks des C aus § 1004 Abs. 1 S. 2 haben.

I. Dazu müsste zunächst eine **Eigentumsbeeinträchtigung beim Anspruchsteller** vorliegen. Durch die Grundstücksüberquerung des B ist das Eigentum des C, der Eigentümer des überquerten Grundstücks ist, betroffen. Ferner müsste dies gemäß § 1004 Abs. 1 auch eine Eigentumsbeeinträchtigung bei C auslösen.

Beeinträchtigung ist jeder dem Inhalt des Eigentums (§ 903) widersprechende Eingriff in die rechtliche oder tatsächliche Herrschaftsmacht des Eigentümers.

Hier wird durch die Grundstücksüberquerung des B positiv in den räumlich-gegenständlichen Bereich der Sache des Eigentümers C eingegriffen, der nicht nach seinem Belieben mit seinem Grundstück verfahren und andere von der Nutzung ausschließen kann.

Somit stellt die Grundstücksüberquerung des B eine Eigentumsbeeinträchtigung des C dar.

II. Ferner müsste der **Anspruchsgegner** B nach § 1004 **Störer** sein.

Störer ist, auf wen sich die Störung kausal (äquivalent und adäquat) zurückführen lässt. Wer die Störung durch seine Handlung oder pflichtwidrige Unterlassung adäquat mitverursacht hat, ist sog. Handlungsstörer. Wenn B das Grundstück des C nicht überqueren würde, läge eine Eigentumsbeeinträchtigung des C nicht vor. Dabei liegt es nicht gänzlich außerhalb der Lebenserfahrung, dass der Eigentümer eines Grundstücks sich durch ständiges Überqueren gestört fühlt. Insofern hat B durch sein Handeln adäquat kausal die Ursache der Eigentumsbeeinträchtigung gesetzt.

Mithin ist der Anspruchsgegner B hier Handlungsstörer.

III. Ferner dürfte **keine Duldungspflicht** des C nach § 1004 Abs. 2 bestehen.

Eine solche Duldungspflicht könnte sich vorliegend aus dem „als Wegerecht bezeichneten Recht" im Grundbuch ergeben. Fraglich ist insofern, um welche Art von Recht es sich hierbei handelt.

1. Beim Wegerecht könnte es sich zunächst um ein **Nießbrauchsrecht** i.S.d. §§ 1030 ff. handeln. Dazu müsste das Wegerecht dazu berechtigten, die Nutzungen aus einer Sache zu beziehen. Dies müssen grundsätzlich alle Nutzungen einer Sache sein. Zwar können gemäß § 1030 Abs. 2 einzelne Nutzungen dem Nießbrauchsrecht vorenthalten werden, aber für den vorliegenden Fall reicht das nicht aus. Hier wird von Anfang an nur eine einzige Nutzungsmöglichkeit eingeräumt. Demnach handelt es sich bei dem Wegerecht nicht um Nießbrauchsrecht.

2. Es könnte sich aber um eine **beschränkt persönliche Dienstbarkeit** i.S.d. §§ 1090 ff. handeln. Das setzt voraus, dass eine bestimmte Nutzung (insoweit könnte sie hier noch vorliegen, vgl. §§ 1090 Abs. 1, 1010) einem bestimmten Begünstigten eingeräumt wird. Hier wird die Benutzung des Weges als bestimmte Nutzung (vgl. §§ 1090 Abs. 1, 1010) ermöglicht. Das Wegerecht wird aber jedem eingeräumt, der das Grundstück des A nutzt. Demnach handelt es sich nicht um eine beschränkt persönliche Dienstbarkeit.

> Dienstbarkeiten sind beschränkt dingliche Rechte an Grundstücken in der Form von Nutzungsrechten.

3. In Betracht kommt jedoch eine **Grunddienstbarkeit** nach § 1018.

Die Benutzung des Grundstücks bezieht sich dabei nicht auf eine konkrete Person, sondern auf grundsätzlich jede Person, sofern sie Eigentümer eines anderen, des sog. herrschenden Grundstücks ist. Es geht damit um ein subjektiv dingliches Recht. Auch bezieht sich eine Grunddienstbarkeit gemäß §§ 1018 ff. allein auf einzelne Nutzungsarten, u.a. gemäß § 1018 Var. 1, dass das belastete Grundstück „in einzelnen Beziehungen benutzt werden darf".

> Die Verjährungseinrede des C bezieht sich auf den Anspruch des B auf Ausübung seiner Grunddienstbarkeit und sollte dort dann als rechtshemmende Einwendung gemäß § 214 Abs. 1 bei „Anspruch durchsetzbar" geprüft werden.

Indem B als Pächter des dem A gehörenden Grundstücks hier kraft der nach § 581 Abs. 1 S. 1 die Zufahrtswege umfassenden Gebrauchsgewährung[194] das Grundstück des L zur Überquerung benutzt, nimmt B das dem A als Eigentümer des anderen Grundstücks zustehende Wegerecht in Anspruch. Mithin liegt hier eine Grunddienstbarkeit nach § 1018 vor.

Somit ergibt sich für C aus dem Wegerecht des A, das von B als Pächter in Anspruch genommen wird, nach § 1004 Abs. 2 eine Duldungspflicht bzgl. der Eigentumsbeeinträchtigung.

---

194   Staudinger/Schaub § 581 Rn. 210; Palandt/Weidenkaff § 581 Rn. 7.

Der Duldungspflicht kann C auch nicht die **Einrede der Verjährung aus § 214 Abs. 1** entgegensetzen. **Eingetragene Rechte, wie die Grunddienstbarkeit nach § 1018, sind gemäß § 902 Abs. 1 S. 1 unverjährbar**. Schließlich ergibt sich der Anspruch auf Unterlassung der Beeinträchtigung der Grunddienstbarkeit direkt aus § 1004 Abs. 1 und dient der Verwirklichung des Rechts, das sich aus dem Grundbuch ergibt, sodass er nach § 902 Abs. 1 S. 1 nicht der Verjährung unterliegt.[195]

Somit besteht eine Duldungspflicht des C nach § 1004 Abs. 2.

IV. Somit hat C gegenüber B keinen Anspruch auf Unterlassung des Betretens des Grundstücks des C aus § 1004 Abs. 1 S. 2.

---

195 BGH NJW 2011, 518, 519.

4. Abschnitt: Das dingliche Vorkaufsrecht

Fall 39: Das dingliche Vorkaufsrecht (Grundfall)

Der vermögende K interessiert sich schon lange für das mit einem herrschaftlichen Landgut bebaute Grundstück des V. Zurzeit will V das Grundstück zwar nicht verkaufen, aber einen potentiellen und solventen Käufer will er auch nicht verlieren. Daher räumt V dem K nach Abschluss eines entsprechenden schriftlichen Vertrages und gegen Zahlung von 5.000 € ein dingliches Vorkaufsrecht ein.

Über die Jahre vergisst V die Vereinbarung mit K und verkauft das Grundstück schließlich formwirksam an D und es lässt kurz darauf an D auf, der auch als neuer Eigentümer in das Grundbuch eingetragen wird. Als K davon per Zufall erfährt, erklärt er gegenüber V aus seinem Vorkaufsrecht vorgehen zu wollen und verlangt die Auflassung des Grundstücks an ihn.

Zu Recht?

K könnte gegenüber V einen Anspruch auf Auflassung des Grundstücks aus § 433 Abs. 1 S. 1 i.V.m. §§ 464 Abs. 2, 1098 Abs. 1 S. 1, 1094 Abs. 1 haben.

A. Anspruch entstanden

Dazu müsste K von V ein dingliches Vorkaufsrecht erworben haben, das er nach Eintritt des Vorkaufsfalls wirksam ausgeübt hat.

I. Ein **Vorkaufsrecht** könnte K von V gemäß §§ 873 Abs. 1, 1094 Abs. 1 **erworben** haben.

1. Die hierfür erforderliche **Einigung** zwischen K und V nach §§ 873 Abs. 1, 1094 Abs. 1 ist erfolgt.

2. Ferner müsste die Einigung auch wirksam sein.

Hier liegt insbesondere keine Formnichtigkeit gemäß § 125 S. 1 i.V.m. § 311 b Abs. 1 S. 1 analog (**str.**)[197] vor, da – selbst bei Bejahung der Analogievoraussetzungen und somit der Anerkennung des Erfordernisses einer notariellen Beurkundung – hier mit Eintragung des Vorkaufsrechtes jedenfalls Heilung gemäß § 311 b Abs. 1 S. 2 analog eingetreten ist.

> Das auf die Bestellung eines dinglichen Vorkaufsrechts gerichtete Verpflichtungsgeschäft ist nach ganz h.M. gemäß § 311 b Abs. 1 S. 1 analog formbedürftig.[196]

Mangels Eingreifens anderweitiger Nichtigkeitsgründe ist die Einigung somit auch wirksam.

3. Ferner ist das Vorkaufsrecht, wie nach § 873 Abs. 1 erforderlich, auch im Grundbuch eingetragen worden.

---

196 RGZ 125, 261, 263 f.; BGH NJW-RR 1991, 205, 206 m.w.N.
197 Ob die Formvorschrift des § 311 b Abs. 1 analog auch auf das Verfügungsgeschäft nach §§ 873 Abs. 1, 1094 Abs. 1 Anwendung findet, ist umstritten. Für eine analoge Anwendung ist die Rspr.: BGH NJW-RR 1991, 205, 206; OLG Düsseldorf OLGR 2002, 62 f.; gegen die analoge Anwendung ist die Lit.: Staudinger/Schermaier § 1094 Rn. 23; MünchKomm/H.P. Westermann § 1094 Rn. 7; Palandt/Bassenge § 1094 Rn. 5; Schreiber Jura 2001, 196, 200.

4. Darüber hinaus waren K und V im Zeitpunkt des Vollrechtserwerbes, also gemäß § 873 Abs. 1 grundsätzlich im Zeitpunkt der Eintragung, noch einig über den Eigentumsübergang.

5. Zudem müsste V im Zeitpunkt der Eintragung des Vorkaufrechtes zugunsten des K auch zur Bestellung des Vorkaufrechtes am Grundstück berechtigt gewesen sein.

Berechtigt zur Bestellung eines Vorkaufsrecht ist insbesondere der **verfügungsbefugte Eigentümer des Grundstücks**.[198]

V war zur Zeit der Bestellung des Vorkaufrechtes verfügungsbefugter Eigentümer des Grundstücks und somit zur Bestellung des Vorkaufrechtes zugunsten des K berechtigt.

Somit hat K von V gemäß §§ 873 Abs. 1, 1094 Abs. 1 wirksam ein Vorkaufsrecht erworben.

II. Ferner müsste der **Vorkaufsfall** gemäß §§ 1098 Abs. 1 S. 1, 463 nunmehr **eingetreten** sein.

Mit Abschluss des formwirksamen Grundstückskaufvertrages zwischen V und D gemäß §§ 433, 311 b Abs. 1 hat V, als der aus dem Vorkauf Verpflichtete, mit einem Dritten einen entsprechenden Kaufvertrag geschlossen, sodass der Vorkaufsfall gemäß §§ 1098 Abs. 1 S. 1, 463 eingetreten ist.

III. Des Weiteren müsste K sein **Vorkaufsrecht** auch gemäß §§ 1098 Abs. 1 S. 1, 464 Abs. 1, 469 Abs. 2 S. 1 wirksam **ausgeübt** haben.

Die Erklärung des Vorkaufsrechts ist gemäß §§ 1098 Abs. 1 S. 1, 464 Abs. 1 S. 2 **formfrei** möglich.

1. Die nach §§ 1098 Abs. 1 S. 1, 464 Abs. 1 erforderliche **Erklärung des Vorkaufsberechtigten** gegenüber dem Vorkaufsverpflichteten liegt vor, indem sich K an V wendet und erklärt aus seinem Vorkaufsrecht vorgehen zu wollen.

2. Ferner ist die für diese Erklärung einzuhaltende **Ausübungsfrist** von zwei Monaten gewahrt, da K weder von V (§§ 1098 Abs. 1 S. 1, 469 Abs. 1) noch von D (§§ 1099 Abs. 1, 469 Abs. 1) den Inhalt des Kaufvertrages (zwischen V und D) mitgeteilt bekam. K erlangte die entsprechende Kenntnis lediglich per Zufall.

Mithin hat K gegenüber V einen Anspruch auf Auflassung gemäß § 433 Abs. 1 S. 1 i.V.m. §§ 464 Abs. 2, 1098 Abs. 1 S. 1, 1094 Abs. 1.

B. Anspruch nicht untergegangen

Der Auflassungsanspruch des K könnte jedoch gemäß § 275 Abs. 1 untergegangen sein.

Das wäre dann der Fall, wenn V es rechtlich unmöglich wäre der Verpflichtung aus § 433 Abs. 1 S. 1 i.V.m. §§ 464 Abs. 2, 1098 Abs. 1 S. 1, 1094 Abs. 1 nachzukommen, indem er durch eine Übereignung des Grundstücks an D

---

198 Palandt/Bassenge § 1094 Rn. 3.

gemäß §§ 873 Abs. 1, 925 seine Stellung als verfügungsbefugter Eigentümer verloren hat.

I. V hat sein Grundstück gemäß §§ 873 Abs. 1, 925 an D aufgelassen, der sodann auch als neuer Eigentümer im Grundbuch eingetragen wurde. Ferner waren sich beide im Zeitpunkt der Auflassung einig darüber, dass D neuer Eigentümer des Grundstücks werden soll. Darüber hinaus war V auch die ganze Zeit als verfügungsbefugter Eigentümer zur Eigentumsübertragung berechtigt. Das zugunsten des K bestehende Vorkaufsrecht beschränkt weder die Verfügungsbefugnis des V noch löst es eine Grundbuchsperre aus.[199] Mithin ist D neuer Grundstückseigentümer geworden.

II. Jedoch ist die Verfügung, die V über sein Grundstückseigentum zugunsten des D getroffen hat, gegenüber K aufgrund des dinglichen Vorkaufsrechtes gemäß § 1098 Abs. 2 i.V.m. § 883 Abs. 2 S. 1 **relativ unwirksam**.

III. Folglich bleibt V zur Übertragung des Grundstückseigentums auf K weiterhin berechtigt (und nach § 433 Abs. 1 S. 1 i.V.m. §§ 464 Abs. 2, 1098 Abs. 1 S. 1, 1094 Abs. 1 verpflichtet), sodass der Auflassungsanspruch des K nicht gemäß § 275 Abs. 1 untergegangen ist.

> Das Vorkaufsrecht löst damit ab dem Zeitpunkt seines Entstehens den gleichen Schutz wie die Vormerkung aus *(vgl. Fall 22).*

C. Anspruch durchsetzbar

Ferner müsste der Auflassungsanspruch des K auch durchsetzbar sein.

Das wäre dann nicht der Fall, wenn V sich gegenüber K auf eine die Durchsetzbarkeit hemmende Einwendung (= Einrede) berufen könnte.

I. Dem V könnte bis zur Zahlung des Kaufpreises für das Grundstück die **Einrede des nicht erfüllten Vertrages aus § 320 Abs. 1** zustehen.

Jedoch hat V die Einrede des nicht erfüllten Vertrages gegenüber K nicht erhoben, sodass hier dahinstehen kann, ob deren Voraussetzungen vorliegen. Die Einrede aus § 320 wird trotz der gegenseitigen Verknüpfung von Leistung und Gegenleistung nicht von Amts wegen berücksichtigt, sondern muss vom Schuldner geltend gemacht werden.

Demgemäß kann V sich nicht gegenüber K auf eine Einrede berufen.

II. Somit hat K gegenüber V einen Anspruch auf Auflassung des Grundstücks aus § 433 Abs. 1 S. 1 i.V.m. §§ 464 Abs. 2, 1098 Abs. 1 S. 1, 1094 Abs. 1.

> **Merke:**
> Über Einreden muss man reden!
>
> **Beachte § 1101:**
> Wenn K nach § 1100 dem D den Kaufpreis, den D an V gezahlt hat, erstattet und als neuer Eigentümer eingetragen wird, wird K von seiner Verpflichtung aus § 433 Abs. 2 gegenüber V befreit und dann liegen auch die Voraussetzungen der Einrede aus §§ 320 Abs. 1, 322 nicht vor.

---

199 Palandt/Bassenge § 1098 Rn. 5; Staudinger/Schermaier § 1094 Rn. 35; Soergel/Stürner § 1098 Rn. 4.

STICHWORTVERZEICHNIS

Die Zahlen verweisen auf die Seiten.

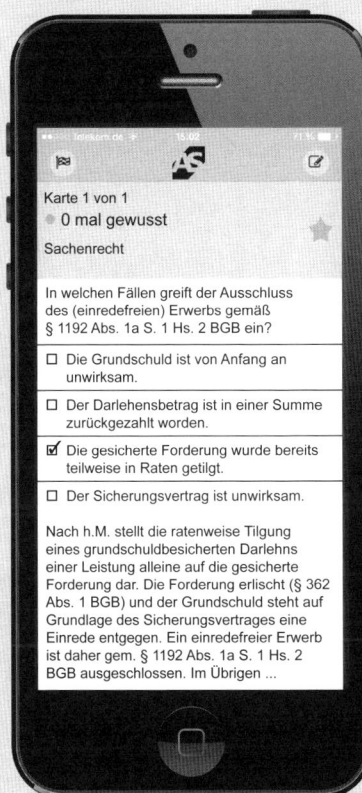

**Basiswissen –
Jura von Anfang an verstehen!**

Alpmann Schmidt